영어혁명
시리즈 1

언어의 본질과 구조에 대한
깊은 이해를 바탕으로 새로운 학습법을
제시합니다!

영어공부는 과학이다

영어공부 혁명

언어의 본질에서 실용적 활용까지

이윤규 · 주지후 공저

머리말
PREFACE

영어혁명
시리즈 1

그동안 공부법에 대한 대중서들을 적지 않게 썼고, 이로 인하여 정말 많은 분들로부터 삶이 바뀌었다는 감사한 말씀들도 전해 들을 수 있었다.

대한민국에서 영어는 영원한 과제와 같은 느낌이다. 보다 영어공부를 하기 좋고 편한 환경으로 바뀌었다고 해도 여전히 어린 시절부터 '우리말'이 아니면서 가장 우리의 사고·언어구조와 다른 말을 배우는 것은 역시 적잖은 고통을 야기한다.

'영어혁명 시리즈'를 통해 영어로 고통 받는 분들의 삶을 바꾼다고 하면 너무 건방진 말이겠고, 그분들의 영어공부에 대한 노고를 조금이나마 덜어드릴 수 있다면 더 없이 큰 기쁨이 아닐 수 없겠다.

이 책을 위해 공동저자인 주지후 선생님과 함께 정말 오랜시간 머리를 맞대고 고민하고 의견을 나누었다. 하지만 우리 두 사람의 생각으로만 만들어진 책들이 아니라, 그 과정에서 검토한 다양한 의견과 자료들도 모두 이 책들에 녹아 있으리라 생각한다. 언제나 그렇듯 부족한 점, 수정해야 할 부분들이 보이리라 생각한다.

기존과는 사뭇 다른 방향에서 세상에 첫 선을 보이는 책들인 만큼 겸허하게 많은 분들의 비판을 받아들이고 더 좋은 책으로 거듭날 수 있도록 최선을 다하고자 한다.

이 윤 규

이 책이 세상에 나와서 기쁘다. 지난 수십년 동안 우리 사회에는 영어공부에 대한 수많은 담론이 있었다. 그러나 그 중 어느 것도 정론으로 인정받지 못했고, 이는 수많은 실패담과 사교육 과열의 원인이 되었다. 많은 사람들이 자신의 개인적 경험을 토대로 영어공부 방법을 설파한 적은 있지만, 많은 경우 이는 전문성이 결여되고 사실에 근거하지 못하였다.

반대로 전문서는 지나치게 어려워서 일반 대중에게 실질적 도움을 주지 못하였던 감이 있다. 필자는 영어교육과 언어학 전문가로서 철저히 과학적 사실에 근거한 영어공부법을 대중에게 알리고 싶었고, 이 책은 그 결과물이다.

대중과 소통하는 일을 하는 사람으로서, 나의 지식이 학술 영역에만 머물지 않아야 한다는 생각에 이 책을 집필하게 되었다. 정말로 최선을 다했다.

부디 영어로 고통 받는 이 땅의 모든 이가 이 책을 통해 저 멀리서 들어오는 긴 터널 끝의 빛을 보았으면 한다.

주지후

영어 혁명 이란

ENGLISH REVOLUTION

영어혁명
시리즈 1

종래의 영어공부는 별다른 비판이나 검토 없이 종래로부터 구전되어 왔거나 또는 효율성에 대한 고민 없이 단지 익숙하거나 광범하게 알려졌다는 이유로 개인의 경험이나 과학적 근거가 없이 이루어진 것들을 따르는 것이 많았다. **'영어혁명 시리즈'**는 그러한 부분을 해소하기 위해 교육심리학과 스포츠심리학, 뇌신경과학, 행동경제학, 언어학의 원리에 따라 기존과 다른 방향으로 효율적으로 영어를 정복할 수 있도록 만들어졌다.

1권 '영어공부 혁명'은

기존의 영어공부법을 철저히 파해쳐 기존의 방식이 어떤 과학적 근거에 바탕하고 있는지를 검토한 후, 그 문제점을 지적하고 새로운 대안을 제시한 책이다. 이 과정에서 세계적인 언어학자들의 영어공부법들도 중요한 것은 모두 검토를 하였고, 결과물은 단어, 문법, 읽기, 듣기, 쓰기, 말하기의 영역으로 나누어 정리하였다.

2권 '단어 없는 단어장'은

종래 단어장을 반복하며 암기하는 방식에서 벗어나, 총 570개의 필수단어를 어원별로 분류한 후, 이를 쉬운 소설의 형태로 다시 쓴 것이다. 처음부터 끝까지 한글 해석과 영문 소설을 편하게 읽기만 해도 단어가 외워지는 신기한 경험을 할 수 있도록 구성되었다. 특히 570개의 필수단어는 이 정도 수준까지를 제대로 익힌다면 공무원시험이나 수능, 토익, 토플에서 충분히 원하는 점수를 얻을 수 있는 단어들을 선별했다.

3권 '말랑말랑 영어뇌 트레이닝'은

문법과 회화를 위한 책이다. 원어민들이 연령별로 가장 많이 쓰는 표현 100가지를 선정해 나이순에 따라 정리했다. 특히 특정연령에서 왜 그런 표현들을 쓰는지 원어민의 뇌발달 과정과 생활환경을 고려해 뇌과학에 따른 이유를 제시함으로써 보다 쉽게 말하기와 문법을 동시에 잡을 수 있도록 구성하였다.

'영어혁명 시리즈'는 주지후와 이윤규가 공동으로 만들었다. 학습기술 전문가인 이윤규가 전체적인 기획과 구성을 맡아 상대적으로 가장 적은 시간과 노력의 투자로 최대의 성과를 거둘 수 있도록 틀을 만들고, 영어 전문가인 주지후가 현장에서 학생들을 가르친 경험을 바탕으로 반드시 알아야 할 필수적인 지식과 정보를 선정하고 다듬었다.

저자 소개

INTRODUCTION OF THE AUTHORS

영어혁명
시리즈 1

이윤규

https://dreamschoolkr.liveklass.com/

instagram.com/dreamschoolyk

https://dreamschooltv.com

현) 공부법학회 공동회장, 법무법인 가림 파트너 변호사

- 부산대학교 법학과 졸업
- 제52회 사법시험 합격
- 대법원 사법연수원 제42기 수료
- 창원지방검찰청 공판송무부, 법무부 정책기획단 법무관, 법무실 사무관
- 「나는 무조건 합격하는 공부만 한다」 著(20년 상반기 BESTSELLER 분야 1위, 진중문고 선정, 일본 · 베트남 수출)
- 「공부의 본질」 著(21년 상반기 BESTSELLER 분야 1위)
- 「일 잘 하는 사람의 시간은 다르게 흘러간다」 著(22년 상반기 BESTSELLER, 대만 수출)
- 「무조건 합격하는 암기의 기술」 著(23년 상반기 BESTSELLER 분야 4위)
- 「몰입의 기술」 著(24년 BESTSELLER 분야 6위)
- EBS 「초대석」, MBC 「공부가 머니」, tvN 「쿨까당」 등 출연
- 삼성 멀티캠퍼스, 연세대 · 서강대 · 부산대 · 홍익대 등 출강

법무법인 가림의 변호사이자 구독자 43만 명이 넘는 공부법 유튜브 **'DreamSchool 이윤규'**를 운영하고 있는 공부법 전문가. 첫 번째 책 《나는 무조건 합격하는 공부만 한다》는 10만 부가 넘게 팔렸으며, 일본, 베트남으로도 수출되어 수험생들의 열광적인 호응을 받은 바 있다. 현재는 활발한 강연활동 외에도 전현직 교수와 교사, 학원장, 전문의 등으로 구성된 공부법학회의 공동회장으로서 공부법을 일반대중에 보급하기 위에 힘을 쏟고 있다.

그가 어렸을 때부터 공부를 잘한 것은 아니다. 게임에 빠져 대학 4학년 때는 제적을 당하기도 했다. 그러나 법조인이 되고자 하는 꿈을 이루기 위해 뒤늦게 공부를 시작했고, 3시간만 자며 하루 16시간씩 공부한 결과, 대한민국에서 가장 어렵다는 사법시험을 대학 재입학 후 2개월 반 만에 1차 합격, 7개월 만에 2차 합격하는 결과를 이뤄냈다.

그가 총 15만 페이지 분량의 책을 외우고 9개월 준비로 단번에 사법시험에 합격할 수 있었던 결정적 방법은 바로 '공부법'이다. 본격적인 공부에 앞서 국내외 공부법들을 먼저 수집하고 분석한 끝에 낭비 없는 노력으로 결과를 얻을 수 있었던 것이다. 이윤규 변호사는 결과를 바꾸기 위해서는 '바꿀 수 있는 것'에 모든 에너지를 쏟아야 한다고 강조한다. 그리고 결과를 만드는 요소인 재능, 노력, 방법, 운 중 이에 해당하는 것은 바로 노력과 방법으로, 제대로 된 공부법과 올바른 노력이 합쳐지면 적어도 공부에 있어서는 누구나 원하는 결과를 얻을 수 있다고 말한다.

저자 소개

INTRODUCTION OF THE AUTHORS

주지후

blog.naver.com/jihubrother

instagram.com/jihubrother

https://www.youtube.com/@jihubrother

美 Brigham Young University-Hawaii TESOL 학사

Students In Free Enterprise (SIFE) 비지니스 프레젠테이션 대회 하와이 주 우승

Students In Free Enterprise (SIFE) 비지니스 프레젠테이션 대회 USA Semi-finalist

현) 지후영어 tv 운영

전) Biz Writing & Presentation 강의

전) TOEFL Speaking 대표강사

전) TOEFL Listening 대표강사

전) TOEIC Listening 대표강사

전) 파고다어학원 토익 LC 대표 강사

전) 파고다 인강 토익 LC 대표 강사

언어학 커뮤니케이터

언어학, 영어교육 전문가다. 미국 Brigham Young University Hawaii에서 TESOL 학사 학위를 취득했고, 현재 한국외국어대학교에서 언어학 석사과정 중이다. 대학시절, 한국인으로서는 유일하게 Enactus(이전명칭:Students In Free SIFE) 발표팀의 일원으로 활약하여 2011년 USA 대회 준결승까지 진출한 경험이 있다. 영어 외에도 라틴어와 독일어, 프랑스어등 다양한 언어를 공부했다.

2013년부터 대한민국 3대 대형 학원 중 한 곳에서 10여년 동안 강의 경력을 쌓았으며, 2018년에는 유튜브를 시작하여 구독자 16만 명의 채널로 성장시켰다.

KBS [해피투게더 4] "아무튼 한달-토익 편"에 출연했다. 2020년 출간 한 『신기하게 영어 뇌가 만들어지는 영문법』은 교보문고, 예스24 베스트셀러 1위, 올해의 책 후보로 오르기도 했으며, 이외 『대한민국 영문법 0교시』『토익 850+ 벼락치기 10일 완성 LC+RC』『토익 750+ 벼락치기 20일 완성 LC+RC』 등을 집필하였다.

구성과 특징

CONFIGURATION AND FEATURES

영어혁명 시리즈 **1편 '영어공부 혁명'**은 가장 효율적인 영어공부법을 과학적인 근거에 따라 검토하고 정리한 책이다.

기존의 영어공부법들은 특정 개인만이 쓸 수 있거나 별다른 과학적 근거가 없음에도 비판없이 통용되는 것들이 많았다. 그게 아니라고 한다면 문법이나 단어, 듣기, 읽기, 쓰기, 말하기 등 어느 한 분야에 한정된 공부법이거나, 외국과는 전혀 상황이 다름에도 외국에서 생활을 한 사람들이 전하는 공부법 정도였다. 이에 따라 종합적인 시각에서 정말 믿을만한 영어공부법을 설명한 책을 찾기는 어려웠다.

'영어공부 혁명'은 이러한 문제점에 대응하기 위해 쓰여진 책이다.

본래는 외국의 언어학이나 영어교육 대가들의 교육방식, 공부방식에 대해 순차적으로 검토한 후에, 대한민국의 실정에 맞게 단어 공부법, 문법 공부법, 읽기 공부법, 듣기 공부법, 말하기 공부법, 쓰기 공부법의 6분야를 나누어 정리하는 방식으로 구성하였는데, 보다 쉽게 결론부분부터 습득할 수 있도록 최종적으로는 순서를 바꾸어 교육심리학, 스포츠심리학, 행동경제학, 뇌인지과학, 언어학의 근거에 따라 위 6분야의 공부법을 대화형식으로 정리하였다.

정리된 부분을 먼저 익힌 후에 세계적인 대가들의 공부법이나 교육법에 대한 상세지식을 보충함으로써 적어도 현존하는 영어공부법에 비해서는 가장 효율적인 방식으로 영어를 정복할 수 있을 것으로 확신한다.

이를 위해 이 책을 편하게 1부 부터 읽은 후에, 의문점이 생기거나 더 자세한 내용이 궁금한 경우에 2편을 순서와 관계없이 원하는 부분을 발췌독하는 방식을 권한다.

그리고 알기만 하고 쓰지 않으면 완전히 내 것이 되지 않는다. 머릿속의 소프트웨어가 업데이트되는데 걸리는 시간은 최소 21일이다. 그리고 그러한 바뀐 소프트웨어에 따라 몸의 기억이 바뀌는데는 또 최소 66일의 시간이 걸린다.

영어공부에 문제가 있거나 앞으로 영어 공부를 잘 하고 싶은 사람이라면 반드시 66일의 기간만큼의 실행은 뒷받침되어야 한다는 사실을 명심하도록 하자.

그 최소한도의 노력 없이는 아무런 변화가 있을 수 없다.

목차

CONTENT

영어혁명
시리즈 1

1_ 전문가가 말하는 **효율적인 영어공부법**

2_ 세계적인 학자들의 **영어공부법을 파헤쳐 보다**

영어혁명 시리즈 1

영어공부 혁명

ENGLISH STUDY **REVOLUTION**

1

전문가가 말하는

효율적인 영어공부법

1. 단어 공부법
2. 문법 공부법
3. 독해 공부법
4. 듣기 공부법
5. 말하기 공부법
6. 쓰기 공부법

이윤규 저는 2010년에 사법시험에 합격하면서 우리나라뿐 아니라 다른 나라의 공부법들까지 참고한 게 큰 도움이 됐어요. 그 결과 9개월 준비로 합격할 수 있었고, 이후에는 교육심리학의 학습기술, 스포츠심리학, 뇌인지과학을 공부하면서 학습기술을 체계적으로 전달하고자 노력하고 있습니다. 영어공부법에 대해서도 학창시절부터 관심이 많았고, 학습기술에서도 영어공부, 정확히는 외국어공부에 대한 지침이랄까 그런 것들을 많이 정리했는데, 오늘 언어학과 영어교육 전문가인 주지후 선생님 모시고 이야기 나누면서 제가 알고 있는 것들을 점검하고 또 보완하는 시간을 가져 보려고 합니다.

선생님, 안녕하세요.

주지후 네 변호사님, 안녕하세요. 그렇지 않아도 평소에 유튜브 통해서도 뵙고 있었고 몇 년전에 공부법학회도 설립하신 것도 알고 있었는데 오늘 이렇게 만나 뵙고 영어 공부에 대해 이야기를 나눌 수 있게 되어서 참 기쁘게 생각합니다.

이윤규 네 저도 그렇습니다. 오늘 많이 가르쳐 주시면 좋겠습니다. 일단 우리나라는 영어공부에 대해 시스템적으로 접근하죠. 단어, 문법, 읽기, 듣기, 쓰기 이렇게 나누어서 하나씩 또는 개별단위로 접근하는 게 일반적인데, 순서대로 하나씩 이야기 해볼까요?

이 책에 나오는 학자들에 대한 상세한 설명은 **184**쪽을 참조하세요.

1. 단어 공부법

단어공부법의 CORE

- 누적해서 자주 보는 방식은 '강화된 단기기억'을 만드는 것에 불과하다.
- 어원을 통해 학습하는 것이 '장기기억'을 만드는 방식이다.
- 독해지문 = 단어장의 예문을 관련성 있는 것들끼리 모아둔 것으로 생각한다.
- 국문해석부터 이해한 후에 독해지문을 보며 맥락을 통해 외운다.
- 특정한 상황 속에서 단어를 외우면, 그 상황에 닥쳤을 때 인출하기가 쉬워진다.

단어부터 같이 한번 얘기해보면 좋을 것 같아요. 먼저 제가 말씀하신 것처럼 공부법학회 회장직을 맡고 있는데, 단어 공부는 확실하게 학습기술, 그 중에서도 암기 기술이라는 측면으로 설명을 드릴 수 있을 것 같아요.
먼저 가장 기본적으로 알아야 되는 것은 기억과 관련해서는 뇌가 크게 두 개 구조로 나뉘어 있다는 거예요. 단기기억과 장기기억으로 나누어져 있고, 그 사이를 지키고 있는 '해마'라는 애가 있어요. 단기기억은 해마의 허락을 받아야만 장기기억이 될 수 있어요. 해마가 수문장 같은 거죠.

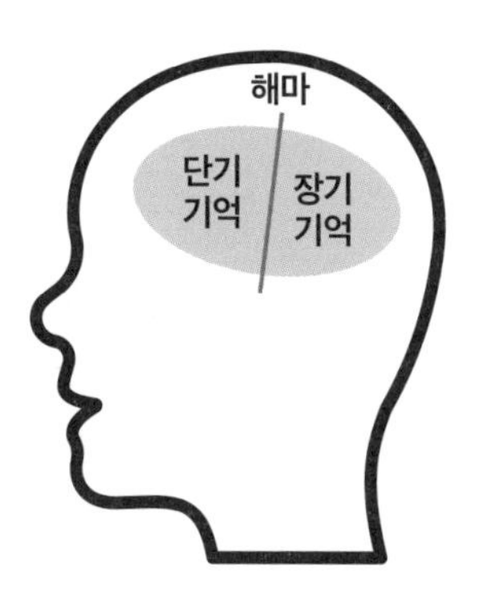

참고 ◎ 해마는 뇌에서 기억 형성에 중요한 역할을 한다. 쉽게 말해, 해마는 우리가 배운 내용을 '임시 저장소'에서 '영구 저장소'로 옮기는 역할을 한다고 볼 수 있다. 이는 마치 컴퓨터에서 특정 정보를 하드 디스크나 SSD에 저장하는 것과 비슷하다. 이는 심리학자 리처드 앳킨슨(Richard Atkinson)과 리처드 시프린(Richard Shiffrin)이 제안한 '다중 저장 모델'에 기반하고 있다.

근데 이 해마라는 애는 재미있게도 사람이 자고 있거나 휴식을 취할 때만 일을 해요. 그런데 이걸 모르는 분들은 오늘 하루 안에 영어단어를 미친 듯이 반복해서 끝내겠다든지, 시험 기간에 밤을 새서 공부한다든지 이런 식으로 하는데, 그러면 장기기억이 만들어지질 않아요.
해마에게 충분히 일할 시간을 줘야 한다는 얘기죠. 그리고 해마는 생존에 관련된 기억만 장기기억으로 만들어줘요. 여기서 장기기억으로 바꾸는 과정을 교육심리학, 학습기술에서는 '인코딩'이라고 합니다. 한국말로는 '부호화'라고 하죠. 우리가 흔히 말하는 코딩과 똑같아요. 근데 우리 뇌에 뭔가를 코딩할 때, 그 코딩의 전체적인 원리는 딱 하나예요. 기존에 가지고 있던 기억을 가지고 새로운 정보를 분해했다가 조립할 수 있으면 장기기억이 되는 거예요. 이걸 '정교화(Elaboration)'라고 해요.

참고 ◎ 정교화는 새로운 정보를 더 깊이 있게 이해하고 기억하는 방법이다. 예를 들어, 새로운 단어를 배울 때 그 단어와 관련된 경험이나 이미지를 떠올리면 더 오래 기억할 수 있다. 이는 마치 퍼즐 조각을 맞추는 것처럼, 새로운 정보를 기존 지식과 연결시키는 것이다. 이 개념은 심리학자 퍼거스 크레이크(Fergus Craik)와 로버트 록하트(Robert Lockhart)가 제안한 '처리 수준 이론'에 기반을 두고 있다.

여기서 세부적으로 나오는 게 있어요. 첫 번째로 내가 기존에 알고 있는 덩어리, 체계 같은 것이 있다면, 그것을 이용해서 나누고 재배치해보는 것을 '조직화(Organization)'라고 해요. 묶어보는데 초점을 맞춰서 '청킹(Chunking)'이라고 하기도 하죠.
두 번째로 내가 기존에 알고 있던 맥락을 통해서 묶어보는 것, 이걸 '맥락화

(Context)'라고 합니다. 맥락을 통해 구체적인 정보를 추론해내는 거죠. 저명한 영어교육자인 스티븐 크라셴이 강조하는 '익스텐시브 리딩'(Extensive Reading)과 '컴프레헨시블 인풋'(Comprehensible input)이 이런 기술을 활용한 것이에요.

셋째로, 활자나 음성 정보를 그 자체로 기억하는 게 아니라, 그것을 기억하기 쉬운 이미지로 바꿔서 기억하는 방법이 있어요. 이때도 내가 전에 알고 있던 익숙한 이미지를 쓰게 되죠. 이걸 '심상화(Mental Imagery)'라고 해요.

참고 ◎ 심상화는 머릿속에 그림을 그리듯 정보를 기억하는 방법이다. 예를 들어, 'Apple'이라는 단어를 배울 때 빨간 사과를 상상하면 더 쉽게 기억할 수 있는 것과 마찬가지이다. 이는 우리 뇌가 이미지를 텍스트보다 더 잘 기억한다는 점을 활용한 방법이다. 이 기법은 심리학자 앨런 파이비오(Allan Paivio)의 '이중 부호화 이론'에 근거를 두고 있다.

주지후  심상화는 스티븐 핑커가 했던 얘기랑 같네요.

이윤규 맞아요. 사람은 활자 같은 걸 그 자체로 기억하는 것 같지만 실제로 그건 굉장히 어렵고, 유사한 이미지로 바꾸어 저장하고 그걸 써야 하는 상황에 비슷하게 원래 모습으로 재현해 내는 방식이 훨씬 쉽거든요.

참고 ◎ 심상화의 개념은 인지과학자이자 언어학자인 스티븐 핑커(Steven Pinker)의 연구와 일맥상통한다. 핑커는 그의 저서 "언어본능(The Language Instinct)"에서 인간의 언어 처리 과정에 대해 설명하면서, 우리 뇌가 언어를 처리할 때 추상적인 개념과 이미지를 연결시킨다고 주장했다.

다음으로, 많은 사람들이 알고 있고 실제로 자주 사용하는 방법이 있어요. 바로 '시연(Rehearsal)'이라는 방식인데, 쉽게 말하면 '반복'이에요. 영어로는 'repeat'가 아니라 'rehearsal'이라고 해요. 이는 어떤 정보를 보고 난 후, 그것을 사용할 상황을 미리 가정하고 마음속으로 계속 연습해보는 거예요. 단어를 외울 때 많이 사용하는 방법이죠.

부호화이론(장기기억을 만드는 방법)				
조직화	맥락화	심상화	정교화	시연

그런데 여기서 중요한 점은 '강화된 단기기억과 장기기억'의 차이예요. 이 둘은 전혀 다른 개념입니다.

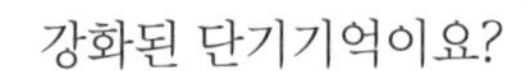

주지후 강화된 단기기억이요?

이윤규 네, 예를 들어 볼게요. 오랫동안 사용하지 않은 연인의 전화번호나 초등학교 때 친구 이름을 기억하기 어려운 경험 있으시죠? 학창 시절에는 매일 보고 이름을 부르니까 단기기억이 쌓이고 강화되는 거예요.
이렇게 단순히 반복하는 것을 '유지시연(Maintenance Rehearsal)'이라고 해요. 재미있는 비유를 들자면 탈모약과 비슷해요. 탈모약은 새로운 머리카락을 나게 하는 게 아니라, 기존의 머리카락이 빠지지 않도록 하는 거죠. 유지시연도 마찬가지예요. 머릿속에 들어온 단기기억이 빠져나가지 않도록 계속 붙들고 있는 거예요. 하지만 반복을 멈추면 결국 기억이 사라집니다.

참고 ◎ 유지시연의 개념은 심리학자 앳킨슨과 시프린(Atkinson and Shiffrin)의 '다중기억모델'에서 처음 제안되었어다. 이 모델에 따르면, 정보는 감각기억에서 단기기억을 거쳐 장기기억으로 이동하는데, 유지시연은 단기기억에서 정보를 유지하는 역할을 한다.

반면에 '정교화 시연(Elaborative Rehearsal)'이라는 방법도 있어요. 이는 단순 반복이 아니라, 정보를 뇌까지 깊이 처리하는 형태의 반복이에요. 기존의 기억을 활용해 새로운 정보를 분해하고 재조립하는 과정을 반복하는 거죠.

예를 들어, 'immigrate'라는 단어를 외울 때, 단순히 '이민가다'로 외우는 게 아니라 이렇게 접근해볼 수 있어요: "im-은 in-이 변형된 거니까 '안으로'라는 뜻이고, -migrate는 라틴어 'migrare'에서 왔으니 '움직이다'란 뜻이겠네. 그러니까 '안으로 움직인다', 즉 '나라 안으로 들어온다'는 뜻이구나." 이런 식으로 사고를 연결하는 거예요.

구구단 공부 후에 2, 4, 6, 8, 10, …이라는 숫자를 봤을 때	
유지 시연	정교화 시연
2 4 6 … 만 보이는 것	2=2×1 4=2×2 6=2×3 … 이라고 생각하는 것
강화된 단기기억	장기기억
시간 지나면 까먹음	시간 지나도 안 까먹음
둘 다 '반복'하지만 머릿속으로 생각하는 것도, 결과도 다르다	

참고 ◎ 정교화 시연은 크레이크와 록하트(Craik and Lockhart)의 '처리 수준 이론'과 관련이 깊다. 기존 지식이나 정보를 이용해 기억된 정보를 분배하고 재조립하는 것을 반복하는 것이다.

처음에는 시간이 많이 걸리지만, 이런 방식으로 계속 연습하면 점점 속도가 빨라지고, 이론적으로는 영구적으로 기억이 보존돼요.

영어 단어 학습에 있어서, 원어민이든 외국인이든 기억의 과정은 비슷해요. 먼저 단기기억을 만들고, 그 다음 반복을 통해 강화해요. 원어민들은 자연스러운 환경에서 이 과정이 더 자주, 더 효과적으로 일어나죠. 그리고 실제 사용을 통해 단기기억이 장기기억으로 전환돼요.

한국에서는 대부분 강화된 단기기억까지는 잘 만들어요. 하지만 시험 기간이 지나면 대부분 잊어버리죠.

주지후 정말 신기하게 다 잊어버리죠.

이윤규 맞아요, 거의 다 잊어버리죠. 그래서 여기서 다른 접근법을 생각해볼 수 있어요. 처음부터 앞서말한 '맥락화' 기법을 활용하는 방법이에요. 이는 크라셴의 가설과 연관이 있어요. 크라셴은 맥락을 통한 학습을 강조했죠.

참고 ◎ 스티븐 크라셴(Stephen Krashen)은 제2언어 습득 이론의 선구자로, 그의 '자연적 접근법(Natural Approach)'은 언어 교육에 큰 영향을 미쳤다. 크라셴이 강조한 익스텐시브 리딩(Extensive Reading)은 학습자가 많은 양의 쉬운 텍스트를 읽도록 하는 방법으로, 자연스러운 언어 노출을 통해 언어를 '습득'하도록 돕는다. 또한 크라셴이 주창하는 컴프레헨시블 인풋(Comprehensible Input)은 학습자가 이해할 수 있는 수준의 언어 입력을 제공하는 것을 의미하며, 이는 자신의 현재 언어수준보다 조금 더 높은 난이도의 글을 읽어야 한다는 'i+1 이론'과 직접적으로 연관된다. 이러한 방법들은 학습자가 스트레스 없이 자연스럽게 언어를 습득할 수 있도록 돕고, 맥락을 통해 새로운 어휘와 문법을 학습할 수 있게 한다. 이는 앞서 언급된 기억 전략들, 특히 맥락화와 큰 연관이 있다.

크라셴이 제안한 익스텐시브 리딩(광범위 독서)이나 컴프리헨시블 인풋(이해 가능한 입력)이 왜 읽기를 강조하는지 이해해야 해요. 이 방법들은 맥락 속에서 단어를 학습하도록 해요. 맥락과 함께 단어를 기억하면, 그 맥락 전체를 하나의 덩어리로 기억하게 되고, 이런 방식으로 학습한 내용은 훨씬 더 오래 기억에 남는다는 거죠.
이런 접근법이 단순 반복, 암기 같은 방법보다 훨씬 더 효과적이죠. 즐거움도 있다 보니 계속해서 할 수 있게 되구요.

주지후 그렇죠, 우리가 모국어인 국어를 배우는 과정을 생각해보면 정말 흥미로운 점들이 있어요.

우리가 처음 국어를 배울 때를 떠올려볼까요? 사실 우리는 이미 말을 하고 있었잖아요. 하지만 초등학교 고학년쯤 되면 국어 수업의 양상이 많이 달라지죠. 그때부터는 매일 새로운 단어들을 배우게 돼요. 특히 기억에 남는 건 한자어 같은 것들이에요. 우리가 일상에서 자주 쓰는 말이지만, 그 의미나 어원을 자세히 배우게 되는 거죠.
그리고 이런 새로운 단어들을 어떻게 배웠는지 기억나세요? 보통 그 단어들이 들어간 지문을 선생님과 함께 읽었죠. 그리고 나서 그 지문에 대한 문제를 풀었고요.
이런 방식으로 우리는 점점 더 복잡한 언어 구조와 표현을 배워갔어요. 지금 생각해보면, 이게 바로 체계적인 언어 학습의 시작이었던 거죠.

이윤규 한국어를 생각해 보면 이해가 쉬워요. 우리가 안다고 생각하는 단어, 정확하게 그 뜻을 설명할 수 있는 거 생각보다 몇 개 없어요. '알고는 있지만 설명을 못하는 것' 이런 게 대부분인데, 바로 맥락으로 터득을 했기 때문이에요. 그래서 저는 영어 단어를 공부할 때도 맥락화를 통해 공부하는 게 가장 쉬운 방법이라고 생각해요.
수능을 잘 치는 분들이라든지 영어시험을 효율적으로 잘 치는 분들 보면 단기간에 생각보다 리딩 하나로 다 끝내는 분들이 많아요. 말하자면 'All-in-one' 방식의 공부인데, 독해집이라는 도구로 단어, 문법까지 다 끝내는 거죠.
그래서 저도 이런 방식을 추천드려요. 단어장 처음부터 바로 보지 말고, 일단 독해집이나 독해문제를 먼저 보는데 국문해설을 먼저 읽는 거에요. 좀 익숙해지면 영어 지문보고 모르는 단어, 문법 같은 걸 체크해요. 지문 밑에 연한 붉은색 펜으로 적어도 되고, 아니면 각주를 달아도 돼요. 그렇게 해서 셀로판지 진한 것으로 가리거나 각주 찾아보는 식으로 아웃풋을 하는 거죠. 인풋과 아웃풋을 구별할 줄 안다면, 이게 얼마나 효과적인지 알게 돼요.

주지후 맞아요. 그런 방식으로 체화가 되게끔 자꾸 유도를 하는 거죠. 우리가 계속해서 특정 단어나 표현을 다양한 상황에서 접하고 사용하도록 유도받는 거예요. 그러다 보면 어느새 그 단어나 표현이 우리의 일부가 되어 있는 걸 발견하게 되죠.
앞서 말씀하신 심상, 즉 머릿속의 이미지와 연결 지어 생각해보면 더 이해가 쉬울 것 같아요. 우리가 새로운 단어를 배울 때, 그 단어는 단순히 글자의 나열로 저장되는 게 아니에요. 그 단어와 관련된 이미지, 소리, 감정, 상황 등이 모두 함께 우리 머릿속에 저장되는 거죠.

참고 ◎ 이는 인지심리학의 '다중 부호화 이론(Dual Coding Theory)'과 관련이 있다. 이 이론에 따르면, 정보를 언어적으로만 저장하는 것보다 시각적 이미지와 함께 저장할 때 더 잘 기억된다.

그래서 이런 과정을 거치면, 우리는 그 단어를 '외웠다'기보다는 '흡수했다'고 표현하는 게 더 적절할 것 같아요. 단어 자체가 우리 머릿속에 자연스럽게 스며들어 우리의 일부가 되는 거니까요.

이윤규 기존 우리나라에는 그런 식의 공부가 가능하게 해주는 책이 없었어요. 참 아쉽긴 한데..
한편으로는 이런 생각을 해 볼 필요도 있어요. 단어 외울 때 예문이 중요한 걸 모르는 사람은 없죠. 근데 사실은 다르게 생각하면 뭐가 있냐면요. 독해 지문은 실은 예문의 집합체에요. 단어장 그냥 보면 예문들이 다 관련성 없고 독립되어 있지만, 독해집은 그 예문들이 하나의 스토리를 이루기 때문에 덩어리로 기억을 하기가 쉬워요. 맥락을 통해 단어 뜻을 떠올리기도 훨씬 쉽고요.

주지후 그렇죠, 맞아요. 맥락이 아주 뚜렷하고 제가 쉽게 이해할 수 있는 상황에서 새로운 언어 요소를 접하게 되면, 그것이 바로 '컴프리헨시블',

즉 이해 가능한 입력이 되는 거예요.
근데 하나 궁금한 것은 그럼 단어장을 바로 보는 것은 학습기술상으로 효율적이지 않은 것인가요?

이윤규 점수를 잘 받는다는 건 답을 많이 안다는 것이고, 답을 많이 안다는 것은 그 문제 자체에 대한 이해도가 높다는 것이거든요. 근데 단어장 먼저 보기 시작하면 그 전체 단어 다 외워도 시험에 안 나오는 것도 있고, 외우기 전까지는 점수도 안 나와요. 흥미가 확 떨어지는 거죠.
그래서 일단 독해지문을 단어장처럼 활용하고, 나중에 단어장 최종적으로 보면서 모르는 단어만 체크해서 단기기억으로 반복해서 외우는 게 좋아요. 맥락화를 통해 장기기억을 만들고, 그걸로 커버되지 않는 것은 반복을 통해 강화된 단기기억으로 만든다. 이렇게 정리할 수 있겠네요.

주지후 영어 유튜버라든지 영어 잘 하시는 분들 중에는 소위 '누적복습'이라고 해서 기존에 공부한 단어까지 누적시켜서 봐야 한다는 걸 강조하는 분들이 꽤 많아요. 비단 영어에만 한정된 게 아니라 다른 언어에서도 대부분 마찬가지인데, 이것은 뇌과학이나 교육심리학적 근거가 있는 것인가요?

이윤규 너무 좋은 지적이에요. 결론적으로 근거가 있습니다.
두 가지인데, 먼저 아는 것과 모르는 것이 있다고 할 때 모르는 것만 반복해서 보는 것보다 아는 것까지 함께 반복해서 보는 게 기억잔존율이 높다는 뇌과학의 연구가 있어요. 그래서 알든 모르든 일단 공부한 것들 다 보는 게 중요하고, 둘째로는 단기기억은 단순반복을 하면 강화돼요. 누적해서 계속 보면 계속 강화가 되는 거죠.

참고 ◎ 이는 실험심리학 분야의 헨리 로디거(Henry L. Roediger III)의 연구와 관련이 있다. 로디거는 학습과 기억의 메커니즘을 연구하며, 특히 '맞힌 문제'와 '틀린 문제' 모두를 복습하는 것이 기억

유지에 더 유리하다는 점을 과학적 실험을 통해 증명해냈다.

그래서 보통 유학가시는 분들 단어 많이 외우거나 해야 할 때 누적복습을 하면서, 동시에 인출속도도 빠르게 하는 훈련도 해요. 처음에는 3일만에 전체 보다가, 2일만에 전체보고, 마지막에는 하루 만에, 반나절만에. 이런 식으로 점차로 속도를 빠르게 해서 반복해서 보는 거에요. 파워가 어마어마합니다.
다만 주의할 점은, 이건 어디까지나 단기기억을 만드는 방식이에요. 그 시험기간 지나면 대부분 날아가고 까먹어요. 그래서 반드시 맥락화라든지 자신에게 편한 다른 방식들을 사용해서 장기기억부터 만들고, 그걸로 안 되는 것들을 외울 때 이런 누적복습 방식을 써야 해요.

영어단어를 외우는 원리	
반복	지문에서 보거나 영작에서 사용
강화된 단기기억	장기기억화

주지후 맥락화를 통해 단어 외우는 것 참 좋은 방식인데, 생각보다 많이 쓰질 않아요, 그쵸? 대부분 단어장만 반복해서 달달달 하려는 것 같아요.

이윤규 사실 맥락화를 비롯해서 이런 방식 자체는 국내에 많이 소개되긴 했어요. 그렇지만 사람들이 잘 안 하고 잘 안 와닿는 게, 이런 방식이 기존부터 우리가 해오던 방법과는 되게 많이 다르거든요. 공부라는 건 뭔가 되게 힘들어야 할 것 같고 그런데 이 방식은 조금 뭐랄까 스무스(smooth)해요. 크게 어렵지가 않아요. 국문해석부터 보기 때문에.
그렇지만 우리가 공부할 때 그 방법을 일부러 뒤틀어서 어렵게 할 필요는 전혀 없어요. 그건 '외재적 부하'라고 하는데, 공부에 방해물이에요. 공부는 쉽고 재미있게 하는 게 최고의 방법이죠. 여담이지만, 페터 슬로터다이크라는 철학자가 말하길, 고대의 종교는 본래 철저한 자기수양, 자기계발에서 비롯되었대요. 그 과정에서 고통이나 괴로움도 극복하고 그런 게 포함되어 있는데, 우리나라에서 가장 자연스럽게 퍼져 있고 오랜 역사를 가진 것은 유교죠. 이 유교의 성리학은 공부를 대하는 방식이 굉장히 숭고해요. 형식적인 공부. 근데 이런 것이 종교라고 한다면, 공부는 당연히 괴롭고 그걸 극복하는 것도 당연하다는 시각이 은연 중에 깔리게 되는데… 적어도 공부기술적인 면에서는 이런 시각에서 이제는 벗어나야 해요.

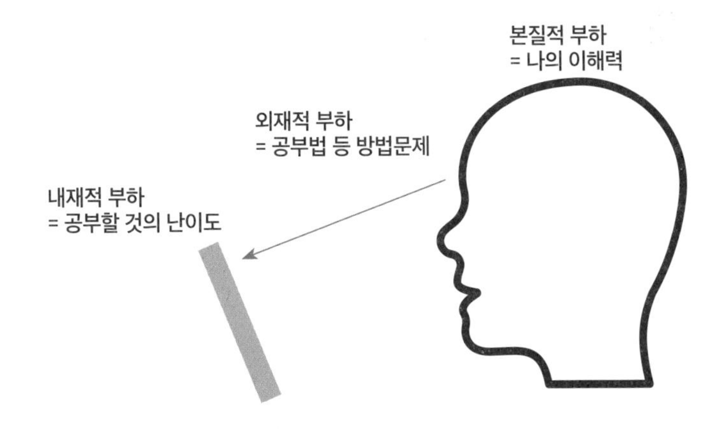

참고 ◎ 이는 교육심리학의 '인지부하 이론(Cognitive Load Theory)'과 관련이 있다. 이 이론에 따르면, 학습 과정에서 불필요한 인지적 부담을 줄이고 본질적인 학습 내용에 집중할 수 있도록 하는 것이 효과적인 학습을 위해 중요하다. 특히 잘못된 공부법은 '외재적 부하(Extraneous Cognitive Load)'를 높이는데, 이를 경감시키는 것이 공부법의 중점적 과제이기도 하다.

주지후 제가 보기에도 효율적인 학습 방법을 통해 공부량을 늘리는 것이 매우 중요하다고 생각합니다.

우리가 흔히 '열심히 공부한다'고 할 때, 단순히 시간을 많이 투자하는 것만을 의미하지는 않아요. 효율성이 떨어지는 방법으로 오랜 시간 공부하는 것

보다는, 효과적인 방법을 찾아 그것을 통해 학습량을 늘리는 것이 훨씬 더 생산적이죠.
그리고 말씀하신 대로, 이렇게 효율적인 방법을 통해 공부량이 늘어나면 당연히 부하량도 올라가게 됩니다. 하지만 이런 종류의 '힘듦'은 오히려 긍정적으로 봐야 한다고 생각해요. 왜냐하면 이는 실질적인 학습과 성장을 의미하기 때문이죠.

이윤규  선생님께서는 단어공부를 어떻게 하셨는지 궁금해요.

주지후 제 경험을 말씀드리자면, 사실 저는 그런 학습 방법이 효과적이라는 걸 처음부터 알고 있었던 건 아닙니다. 그냥 제게 맞는 방식으로 공부를 해왔을 뿐이죠.
아시다시피, 학생들 중에는 단어를 정말 잘 외우는 친구들이 있잖아요. 하루에 200개, 300개씩 외우는 학생들 말입니다. 물론 일주일 뒤에는 대부분 잊어버리긴 하지만요. 하지만 저는 그런 식의 암기가 잘 되지 않았어요.
제 경우는 좀 달랐습니다. 중학교 때부터 저는 암기 과목이나 그런 것들을 공부할 때, 항상 전체를 읽고 이해해야만 시험을 볼 수 있는 타입이었어요. 그래서 나중에 영어 공부를 할 때도 그런 방식을 택했죠. 예를 들면, 뉴스 기사 전체를 통으로 외운다든가 하는 식으로요.
제 기억이 맞다면, 제가 22살, 아니 23살 즈음이었을 거예요. 그때 유학을 가려고 준비하고 있었는데, 그때 제가 외웠던 영어 기사가 대략 150개 정도였습니다. 거의 툭 치면 나오는 정도였어요.

이윤규  아직도 좀 기억나시는 거 있죠?

주지후 그렇죠 아직도 조금씩 기억나죠. 그때 학습했던 내용들은 단순히 단어의 의미를 아는 것을 넘어서, 그 소리를 들으면 관련된 이미지가 자연스럽게 떠오르는 수준이 되었죠.
예를 들어, 'CDC'라는 약자를 들으면 바로 'Centers for Disease Control and Prevention', 즉 미국 질병통제예방센터가 떠오릅니다. 만약 이것을 억지로 외우려고 했다면 아마 지금까지 기억하지 못했을 거예요. 하지만 뉴스 기사에서 계속 접하다 보니 자연스럽게 기억에 남게 된 거죠.
또 다른 예로 'controversial'이라는 단어가 있어요. 이 단어를 들을 때마다 '아, 이게 한국말로 뭐지?'라고 고민하지 않아요. 대신 그 단어를 들으면 바로 사회적으로 논란이 되는 상황들이 떠오르는 거죠. 그 느낌 자체가 이미 내재화되어 있는 겁니다. 뭔가 이렇게 시끄럽나 보다 이런 식으로 그래서 제가 그런지 모르고 그렇게 공부를 했던 것 같아요.

이윤규 그거 관련해서는 '부호화 특수성 이론'이라는 게 있는데, 그게 뭐냐면 기억을 만드는 그 인코딩하던 당시의 상황을 맞춰주면 나중에 그걸 떠올릴 때도 훨씬 쉽게 된다는 거에요.

참고 ◎ '부호화 특수성 이론(Encoding Specificity Principle)'은 인지심리학의 중요한 개념으로, 엔델 털빙(Endel Tulving)과 도널드 톰슨(Donald Thomson)이 1973년에 제안했다. 이 이론에 따르면, 정보를 기억할 때의 맥락이 그 정보를 회상할 때의 맥락과 유사할수록 기억의 정확도가 높아진다.

주지후 그런 사례는 진짜 많아요. 되게 많죠.

이윤규 그래서 항상 공부할 때는 그런 지점도 좀 신경을 써야 되는 게, 시험 칠 때 상황이나 공부할 때 상황이 같을 수는 없어요. 그래서 거기서 벗어나는 연습도 필요해요. '무선연습(Random Practice)'라고 하거든요. 특수한 맥락에서 벗어나서 하는 연습. 다양하게 많이 읽는 거, 크라셴이 말하는 '익스텐시브 리딩'이라는 건 이런 데서 의미가 생기는 것 같아요. '아 그때 봤던 단어가 이렇게도 쓰일 수 있구나.' 이런 깨달음을 통해 장기기억이 쉽게 만들어진다는 거죠.

참고 ◎ '무선연습(Random Practice)'은 스포츠심리학의 운동 학습 이론에서 나온 개념으로, 다양한 기술을 무작위 순서로 연습하는 방법을 말한다. 이는 실제 상황에서의 수행 능력을 향상시키는 데 효과적인 것으로 알려져 있는데, 앞서 설명한 부호화 특수성 이론과 관련지어 설명한다면, 특정기억이 인출되는 상황 즉 부호화 특수성을 의도적으로 배제한 채 특정맥락에 의존하지 않아도 기억이 인출되도록 훈련을 하는 것을 말한다.

주지후 정말 쉽게 개념을 잡은 거예요. 스티븐 크라센이! 그 분 이론에 따르면, 우리가 이해할 수 있는 수준의 글을 많이 읽으면 자연스럽게 언어 습득이 일어난다고 합니다. 이 과정에서 여러 단어들을 반복적으로, 그리고 우연히 마주치게 되는데, 이렇게 자주 접하는 단어들의 빈도가 높아지고 개수도 많아지면서 우리 머릿속에 자연스럽게 각인되는 거죠.

이윤규 사실 제가 느끼기엔 크라센의 이론은 참 좋은데, 아주 구체적인 방법론을 제시해 주지는 않는다는, 말하자면 '추상론'(Grand Theory)으로서만 의미가 있는 게 아닌가 이런 생각이 좀 들 때도 있어요. 그래서 예를 들어서 영화나 책을 볼 때 한영 대조를 해서 같이 본다든지 하는 방식을 쓸 수 있는데, 이런 걸 크라센이 일일이 다 가르쳐주거나 지적해주지는 않아요. 크라센의 공부법은 말하자면 고차원적인, 아주 큼직한 방법론이에요. 근데 이런 걸 잘못 오해하시는 분들은 그냥 무작정 읽기만 해요.

주지후 네, 정말 그렇습니다. 다만 언어 학습에는 상당한 인내심이 필요해요. 특히 전혀 모르는 내용의 원서를 처음부터 읽으려고 하면, 그건 정말 어마어마하게 괴로운 작업이 될 수 있죠.
심지어 우리말로 된 책도 마찬가지예요. 전혀 모르는 분야의 책을 첫 페이지부터 읽으려고 하면 그 자체로 너무나 고통스러운 경험이 될 수 있습니다. 이건 언어의 문제라기보다는 내용 이해의 문제라고 볼 수 있겠네요.
그래서 저는 실제로 이런 방식으로 많이 공부했어요. 먼저 우리말로 번역된 책을 읽어서 내용을 충분히 이해하고 습득합니다. 이렇게 하면 전체적인 맥락과 주요 개념들을 파악할 수 있죠.
그 다음에 같은 내용의 영어 원서를 봅니다. 이때 재미있는 점은, 이미 내용을 알고 있기 때문에 '아, 이 맥락에서는 이런 표현을 썼구나'라는 식으로 영어 표현을 자연스럽게 익힐 수 있다는 거예요.
이런 과정을 반복하다 보면, 특정 표현이나 단어들이 자주 등장하는 걸 보게 됩니다. 그리고 나중에 확인해 보면, 제가 추측했던 의미나 용법이 실제로 맞는 경우가 많아요. 이게 바로 우리가 앞서 얘기했던 '자연스러운 흡수'와 '정교화' 과정인 거죠.

참고 ◎ 이는 '우연적 학습(Incidental Learning)' 이론과 관련이 있다. 이 이론에 따르면, 학습자가 의도적으로 학습하려 하지 않아도, 특정 내용에 반복적으로 노출되면 자연스럽게 학습이 일어날 수 있다. 언어 학습에서 이는 특히 중요한 개념이다.

2. 문법 공부법

FUNDAMENTALS

- 일을 위한 영어에서는 반드시 문법이 필요하다.
- 한자어로 된 문법개념을 많이 아는 것이 중요한 것이 아니다.
- 가장 좋은 문법공부방법은 배운 문법을 적용하여 영작을 해보는 것이다.
- 빈칸 채워넣기, 짧은 문장쓰기, 영어일기 쓰기 순으로 난이도를 높여간다.
- 문법을 잘 아는 것과 말을 잘 하는 것은 별개의 영역이다.

이윤규 문법이 영어에서 굉장히 중요하지 않습니까? 특히 격식 있는 (Formal) 영어에서는 더욱이요. 효율적인 문법 공부법은 어떤 것이 있을까요?

격식체 표현(formal)	비격식체(informal)
'도와줘서 고마워!'	
'Thank you for your support!'	'Cheers for helping out!'

주지후 제 경우는 좀 특이했던 것 같아요. 미국에서 대학을 다니기 시작했을 때, 아마 1학년에서 2학년 초반까지였을 거예요. 그때 사람들이 저를 한국 사람이라고 생각하지 않았던 것 같아요. 왜냐하면 문법을 너무 모르고 수학을 못해요. 서양 사람들이 한국에서 온 학생들에 대해 가지는 일종의 '편견' 같은 게 있어요. '수학 잘하겠지', '문법 잘하겠지' 이런 식으로요. 그런데 제 경우는 좀 달랐어요.

오히려 저는 말을 너무 잘하고 떠드는 걸 잘했어요. 좀 '나대는' 스타일이었달까요? 하지만 정작 수학은 낙제하고, 문법은 하나도 모르는 상황이었죠. 특히 문법 시험을 쳐야 할 때가 정말 난감했어요.
그러다 2학년 즈음에 교수님께 지적을 받았어요. 제가 쓴 글이 너무 형편없었거든요. 교수님 말씀이 기억나요. "이건 네 생각을 영어 단어로 최대한 던져놓고 나보고 알아서 이해하라는 거나 다름없다"고 하시더라고요.
그 말씀을 듣고 정신이 번쩍 들었죠. 그때부터 본격적으로 공부를 시작했어요. 당시 미국의 인터넷이 엄청 느렸는데, 그걸로 한국에 있는 인터넷 강의를 찾아봤어요. 58강짜리, 70강짜리를 3번, 4번씩 반복해서 들으면서 입시 영어를 공부했죠.
그런데 이게 저한테는 특이한 경험이었어요. 왜냐하면 이미 일상에서 영어를 사용하고 있는 상황에서, 그동안 아무 생각 없이 했던 말들이 실제로 이 문법 규칙에 들어맞는 걸 발견했거든요. 마치 귀납법처럼 언어를 배우게 된 거죠.

참고 ◎ 이는 '암시적 학습'과 '명시적 학습'의 결합과 관련이 있다. 암시적 학습은 무의식적으로 언어를 습득하는 과정을, 명시적 학습은 의식적으로 규칙을 배우는 과정을 말한다. 이는 언어학자 로드 엘리스(Rod Ellis)가 제안한 '인터페이스 이론'과 관련이 있다. 이 이론에 따르면, 암시적 지식과 명시적 지식은 서로 상호작용하며, 명시적으로 배운 규칙이 충분한 연습을 통해 암시적 지식으로 전환될 수 있다.

이윤규  한편으로 요새는 문법이 필요 없다는 분들도 되게 많아요.

주지후  그랬으면 제가 그냥 공부 안 해도 대학 졸업했겠죠.

이윤규 어떤 느낌이냐면, 예를 들어가지고 사실 제가 이제 외국인 친구하고 대화를 해보면 완벽하게 격식 있게 대화는 못해도 말은 다 통하거든요. 말이 통하는 이유는 문법에 맞지 않아도 대화와 소통은 되는데 그걸 가지고 내가 영어를 사용하는 직업을 가지고 먹고 살 수 있다든지 그런 것은 조금 어렵겠죠. 예를 들어서 문법을 모르면 어디에 간단한 영업용 이메일 같은 걸 보내기도 힘들죠.

주지후 문법에 대해 우리가 좀 오해하고 있는 부분이 있어요. 많은 분들이 한국 사람들이 학교에서 문법을 많이 배웠다고 생각하는데, 사실 우리가 배운 건 문법 '용어'를 많이 배운 거예요.

예를 들어, 우리는 '관계대명사'라는 말은 알지만, 정작 그게 뭔지, 어떻게 쓰는지는 잘 모르는 경우가 많아요. 우리가 배운 건 사실상 용어, 특히 한자어를 많이 배웠죠. 하지만 그걸 실제로 어떻게 사용하는지는 잘 모르는 경우가 많았어요.

제가 현장에서 오랫동안 강의하고 영작을 지도해보면서 느낀 건, 과연 우리나라가 정말 문법을 잘하는 나라가 맞나 싶을 정도로 영작에서는 좋은 결과가 나오지 않는다는 거였어요.

나중에 보니까 우리가 학교에서 봤던 시험 방식이 문제였던 것 같아요. 보통 '다음 4개 보기 중에 관계대명사가 아닌 것을 고르시오' 이런 식이었거든요. 이런 방식으로는 시험 보고 나면 그냥 날아가버리는 지식이 되는 거죠. 관계대명사의 특정한 형태나 앞뒤 구조만 외우고 끝나는 거예요.

그래서 아마 80년대, 90년대생만 해도 학교 다니면서 영작, 특히 장문 영작을 해본 기억이 거의 없을 거예요. 맞나요?

하지만 실제 문법이라는 건 애초에 '말을 형성하는 규칙'이에요. 이 점을 꼭 기억하셨으면 좋겠어요. 'sentence building'이라고 하죠. 문장을 직접 지어보는 연습을 해보지 않았다면, 그건 진정한 의미의 문법 공부를 한 게 아닌 거예요.

참고 ◎ 이 설명은 언어학자 노암 촘스키(Noam Chomsky)의 '생성 문법' 이론과 관련이 있다. 촘스키는 문법을 단순한 규칙의 집합이 아니라, 무한한 문장을 생성할 수 있는 체계로 보았다. 이는 '언어 능력'(competence)과 '언어 수행'(performance)의 구분과도 관련이 있다. 실제 언어 사용(수행)을 통해 내재된 언어 지식(능력)을 발전시키는 것이 중요하다는 점을 강조하는 것이다.

이윤규 그럼 효율적인 문법 공부 방식은 영작을 해보는 거라고 할 수도 있나요?

주지후 네, 제가 보기에는 영작이 가장 확실하고 효과적인 방법이에요. 왜 그런지 아세요? 영작은 우리가 직접 글자로 쓰기 때문에 우리의 오류가 너무나 잘 드러나거든요. 마치 엑스레이를 찍은 것처럼 모든 게 드러나는 거죠.
이게 바로 우리의 진짜 영어 실력이에요. 사실 우리가 영어로 문장 하나를 썼는데, 그 안에서 관사나 인칭 같은 기본적인 것들을 다 틀려버린다는 건 뭘 의미할까요? 그건 우리가 평소에 영어를 그렇게 쓰고 있다는 뜻이에요.
그러다 보니 이런 사람이 원서를 보면 당연히 이해가 안 되겠죠. 이해가 안 되니까 어떤 생각을 하게 되냐면, '아, 학교에서 배운 영어가 쓸모없구나'라고 생각하게 되는 거예요. 그게 아니거든요. 사실 실제로 그걸 사용해본 적이 없는 거예요.

참고 ◎ 이는 '출력 가설'(Output Hypothesis)과 관련이 있다. 캐나다의 언어학자 메릴 스웨인(Merrill Swain)이 제안한 이 이론에 따르면, 언어 학습자가 목표 언어로 말하거나 쓰는 과정에서 자신의 언어 지식의 한계를 인식하게 되고, 이를 통해 더 효과적인 학습이 이루어진다. 영작 연습은 이러한 '강제 출력'(pushed output)의 좋은 예시이다.

이윤규 영어를 다시 번역한 한자 용어만 잔뜩 외우는 것이죠.
그런데 처음에 우리가 어떤 언어를 공부할 때 장벽 같은 게 있잖아요. 제 느낌으로는 문법 공부를 위해 영작을 하라고 하면 대부분이 도망칠 것 같은데…

주지후 제가 말씀드리고 싶은 건 이거예요. 영작이라는 게 꼭 A4 용

지에 긴 글을 쓰라는 게 아니에요. 오히려 간단한 문장, 단문을 영어로 써보는 거죠. 예를 들면 '나는 어제 쇼핑몰에 갔다. 그리고 나서 개를 산책시켰다.' 이런 걸 영어로 써보라는 거예요.

이렇게 간단해 보이는 문장에도 얼마나 많은 시제와 인칭이 들어가는지 아세요? 그런데 사실 99%의 한국 사람들이 이런 간단한 문장조차 정확하게 만들지 못해요. 그러면서도 자신이 문법을 안다고 생각하는 거죠.

그래서 제가 제안하는 건 이런 연습을 해보시라는 거예요. '내가 문법을 안다'고 생각하지 마시고, 언어의 정확도를 높이는 연습을 하시는 게 좋아요.

다만, 여기서 한 가지 주의할 점이 있어요. 이런 연습을 한다고 해서 갑자기 영어를 유창하게 할 수 있다고 생각하시면 안 돼요. 이건 정말 꼭 말씀드리고 싶은 건데, 유창성(영어로 'fluency'라고 해요)과 정확성('accuracy')은 동시에 늘리기가 어려워요.

이건 과학적으로도 증명된 사실이에요. 제가 대학에서 3학년 전공 과목을 들을 때 실제 다루었던 주제입니다. 왜 정교화 과정을 거치면서 언어의 정확도는 높아지는데, 오히려 말을 더듬거나 발화 속도가 느려지는 경우가 많은지에 대해서 연구한 결과에요.

참고 ◎ 이는 앞서도 언급한 '인지 부하 이론'(Cognitive Load Theory)과 관련이 있다. 우리의 작업 기억(working memory)은 제한적이어서 동시에 많은 정보를 처리하기 어렵다. 언어 학습에서 정확성에 집중하면 유창성이 떨어지고, 유창성에 집중하면 정확성이 떨어지는 현상은 이러한 인지적 한계 때문이다. 따라서 효과적인 언어 학습을 위해서는 정확성과 유창성을 균형 있게 발전시켜야 한다.

이윤규 대부분은 이렇게 생각하죠. 내가 제대로 모르기 때문에 유창하게 안 나온다.

주지후 아니에요 아니에요. 제가 이 부분에 대해 좀 더 자세히 설명드리고 싶은데요. 사실 우리 뇌는 유창성을 담당하는 부분과 정확성을 담당하는 부분이 따로 있어요. 마치 우리가 논리적 사고와 감성적 사고를 다른 영역에서 하는 것처럼요.

유창하게 말할 때는 정확성을 담당하는 부분을 잠시 '꺼두는' 경향이 있어요. 그래서 정확도를 높이면서 동시에 유창성을 높이는 게 굉장히 어려운 거죠. 두 가지를 동시에 발전시키기는 정말 힘들어요.

하지만 각각을 꾸준히 연습하다 보면 결국에는 수렴하게 돼요. 마치 두 개의 점이 서서히 가까워지다가 결국 만나는 것처럼요.

여기서 제가 정말 강조하고 싶은 게 있어요. 혹시 영어로 문장은 쓸 수 있는데 말은 못한다고 해서 '넌 잘못 공부하고 있어'라고 하거나, 반대로 영어로 말은 하는데 문법이 틀린다고 해서 '넌 잘못 공부하고 있어'라고 하는 건 정말 비과학적인 얘기예요.

왜냐하면 언어 학습은 그렇게 단순하지 않거든요. 유창성과 정확성, 이 두 가지는 마치 저울의 양쪽 추처럼 균형을 이뤄가며 발전하는 거예요. 때로는 한쪽이 앞서기도 하고, 때로는 다른 쪽이 따라잡기도 하면서 말이죠.

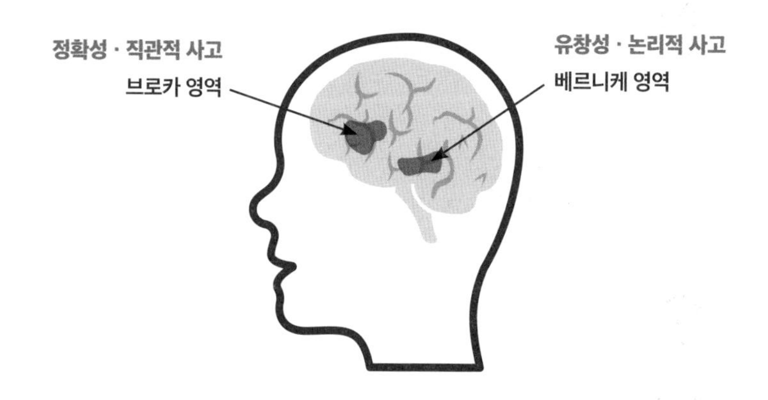

참고 ◎ 뇌과학의 연구들은 언어의 유창성과 정확성이 서로 다른 뇌 영역과 관련이 있음을 보여준다. 예를 들어, 브로카 영역(Broca's area)은 문법 처리와 언어 생성에 중요한 역할을 하는 반면, 베르니케 영역(Wernicke's area)은 언어 이해와 의미 처리에 더 관여한다.

또한, 이는 '기능적 통합'(functional integration) 이론과도 연관된다. 이 이론에 따르면, 초기에는 분리되어 보이는 언어 능력들이 지속적인 학습과 연습을 통해 점차 통합되어 더 효율적인 언어 사용이 가능해진다.

유창성과 정확성의 균형에 대한 설명은 '이중 모드 이론'(Dual Mode Theory)과 관련이 있다. 이 이론은 언어 학습자가 '규칙 기반 시스템'(정확성)과 '예시 기반 서스템'(유창성) 사이를 오가며 언어를 습득한다고 설명한다. 이 두 시스템은 서로 보완적이며, 효과적인 언어 학습을 위해서는 학습자는 두 시스템을 균형 있게 발전시켜야 한다.

이윤규 유창성과 정확성은 우리 인지구조와도 관련이 있어요. 사람 뇌의 인지구조는 두 가지거든요. '직관적 사고(Intuitive Thinking)'를 '시스템 1'이라고 하고 '논리적 사고(Reflective Thinking)'를 '시스템 2'라고 해요. 근데 농담은 혹시 둘 중에 어디를 쓰는 건지 아세요?

주지후 농담이요? 농담 혹시 의외로 숙고 체계로 하는 거 아닌가 싶은데…

이윤규 농담은 직관적 사고로 하는 거에요. 임기응변이 안 좋고 농담을 못하는 사람이 직관적 사고가 훈련이 안 돼서 그래요. 근데 이게 바로 유창성과 연결이 된다는 생각이 들어요. 유창하다는 거는 언제나 외운 걸 그대로 뱉는다는 느낌이 아니라, 어떤 상황이 왔을 때 막힘없이 말이 바로 튀어나온다는 것에 가깝거든요.

주지후 그렇죠.

이윤규 직관적 시스템의 특징 중 하나는 훈련을 통해서 강화된다는 거에요. 속도가 점차로 빨라져요. 근데 논리적 시스템은 그게 아니에요. 천천히 숙고하면서 정확도를 높이는 거고 두 개는 다르게 갈 수밖에 없어요, 인지구조상.

주지후 말씀 듣다 보니 맞아요. 실제로 정교하게 이 틀을 정확하게 맞춰가는 과정이 완전히 다른 애를 쓰는 거예요.

이윤규 그래서 우리가 문법을 공부하는 과정에서는 영작을 멋지게 한다는 느낌보다는 '예문 써보기' 이 정도로 생각해 보면 좋겠어요. 유창성이 아니라 정확성을 추구하는 쪽으로.

참고◎ 이는 심리학자 대니얼 카너먼(Daniel Kahneman)의 '이중 처리 이론'(Dual Process Theory)을 언어 학습에 적용한 것이다. 카너먼은 인간의 사고 과정을 '시스템 1'(빠르고 직관적인 사고)과 '시스템 2'(느리고 분석적인 사고)로 구분했다.

언어 학습에서 유창성은 시스템 1과, 정확성은 시스템 2와 연관될 수 있다. 유창성은 자동화된, 빠른 언어 처리를 필요로 하며, 이는 시스템 1의 특성과 일치한다. 반면, 정확성은 문법 규칙의 신중한 적용과 분석을 요구하므로 시스템 2의 특성을 보인다. 또한, 직관적 시스템(시스템 1)이 훈련을 통해 강화된다는 것은 '자동화 이론'(Automaticity Theory)과 연관된다. 이 이론에 따르면, 반복적인 연습을 통해 언어 처리 과정이 점차 자동화되어 더 빠르고 효율적으로 이루어질 수 있다.

주지후 제가 영어 학습에 대해 강조하고 싶은 점이 있어요. 예문을 써보고, 단문을 바꿔보는 연습이 정말 중요해요. 그런데 여기서 가장 중요한 건, 틀려야 한다는 거예요. 많이 틀려야 해요.
왜 그럴까요? 인간은 자기가 틀리지 않은 것을 교정할 수도 없고 학습할 수도 없거든요. 즉, 내가 이걸 모른다고 안 쓰면 영원히 모르는 거예요. 그래서 많은 분들이 처음 시작하는 걸 너무 힘들어하세요. 하지만 그 힘든 이유의 대부분은 사실 공포 때문이에요.
제가 미국에서 공부할 때 경험한 걸 말씀드릴게요. 남미 친구들은 영어를 정말 빨리 배워요. 반면에 아시아 친구들은 영어를 배우는 속도가 좀 더 늦어요. 물론 이건 언어 자체의 차이도 있어요. 포르투갈어나 스페인어가 영어와 비슷해서 더 빨리 배우는 면도 있죠.

하지만 제가 보기에는 문화적 차이도 있는 것 같아요. 남미 친구들은 아침에 일어나서 잠들 때까지 계속 말을 해요. 반면에 아시아 친구들은 말을 잘 안 해요. 심지어 제가 경험한 일화가 있는데요, 우리 담당 교수님 한 분이 너무 화가 나셔서, 아시아 학생들이 발표를 안 하니까 일부러 한국 학생이랑 일본 학생 사이에서 독도 얘기를 꺼내신 적이 있어요. 화를 내서라도 발표하게 하려고 그러셨을 정도니까요.

참고 ◎ 이는 '오류 분석'(Error Analysis) 이론과 '중간언어'(Interlanguage) 개념과 관련이 있다. 오류 분석 이론은 학습자의 오류를 언어 습득 과정의 자연스러운 일부로 보며, 이를 통해 학습자의 현재 언어 능력 수준과 발전 과정을 이해할 수 있다고 본다.

또한, 문화적 차이에 대한 언급은 '사회문화적 이론'(Sociocultural Theory)과 연관된다. 이 이론은 언어 학습이 단순히 개인의 인지적 과정이 아니라 사회적, 문화적 맥락 내에서 이루어진다고 본다. 따라서 학습자의 문화적 배경과 학습 환경이 언어 습득에 큰 영향을 미칠 수 있다.

이윤규  언어에 대해서 굉장히 엄결성이 높죠.

주지후 우리는 틀리면 그 사람한테 빨간 줄 긋는 거죠. 틀린 것을 지적하는 체계 이게 다 틀렸다는 게 아니고 언어 습득에 있어서 별로 도움이 안 돼요.

이윤규 행동경제학에서도 그걸 분류를 좀 해요. 동양 사람들과 서양 사람들의 결정적 차이 중에 하나가 뭐냐면 '예방적'인지 '도전적'인지 여부래요. 기존의 것들을 보호하고 그런 걸 예방적이라고 하거든요. 공동체를 중시하고. 예방적인 사람들은 칭찬받는 걸 좋아하는 게 아니라 꾸중 안 듣는 걸 좋아해요. 반면에 진취적인 사람들은 꾸중을 하든 말든 그건 상관없고 난 칭찬받고 싶다. 이런 심리를 가지고 있다고 해요.

우리는 확실히 뭔가 새로운 걸 해내자 이런 마인드 보다는, 실수하지 말자 이런 마인드가 크죠. 언어 습득할 때도 이런 문화적인 구조랄까 생활적인 특성이 좀 영향을 미치는 것 같아요.

향상 초점	예방 초점
도전과 성취	기존이익 보호
칭찬에 민감	꾸중에 민감

참고 ◎ 이는심리학자 토리 히긴스(Tory Higgins)의 '조절 초점 이론'(Regulatory Focus Theory)과 연관된다. 이 이론은 사람들의 동기 성향을 '향상 초점'(promotion focus)과 '예방 초점'(prevention focus)으로 구분한다. 향상 초점은 성취와 이상을 추구하는 반면, 예방 초점은 안전과 의무를 중시한다. 이 이론을 언어 학습에 적용하면, 예방 초점이 강한 문화권의 학습자들은 오류를 피하는 데 집중하여 언어 사용에 더 신중할 수 있는 반면, 향상 초점이 강한 문화권의 학습자들은 새로운 표현을 시도하는 데 더 적극적일 수 있다.

주지후 제가 드리고 싶은 말씀은 어떤 문화가 더 좋고 나쁘다 이게 절대 아니에요.
우리가 그들의 언어를 배울 거면 그들의 문화도 같이 배웠으면 좋겠어요.
저는 언어 배울 때 '나대는' 사람 되게 좋아해요. 그리고 그래야 그 언어 자체를 그래야 빨리 배울 수가 있습니다.

이윤규 수많은 시도와 실패 끝에 성공이라는 결과가 나온다. 이런 생각을 하면 좋겠어요.

주지후 맞습니다.

이윤규 저도 그래서 사실 학창시절에 문법이 많이 늘었던 방법이 'Essential Grammar in Use'라는 책으로 공부를 했는데, 그게 구성이 어떻게 되어 있냐면 왼쪽에 되게 심플한 영어 설명이 나오고 오른쪽에 워크북처럼 이게 예문이 많이 있어요. 빈칸 채워 넣는 연습하는 것인데, 그걸 채워 넣다 보면 자연스럽게 문법을 습득해요. 동시에 일종의 덩어리로 학습을 하게 되어서 문법을 되게 자연스럽게, 감각적으로 익힐 수 있게 돼요. 그래서 나중에는 어떻게 되냐면, 뭐가 틀렸는지는 바로 알겠는데 왜 그런지 아주 상세하게, 한국식으로 한자어 써가면서 설명은 못하겠더라구요. 근데 뭐 제가 영어선생님이 될 것은 아니고 답을 맞히는 게 중요하니까 저는 다른 친구들이 한자단어 외우고 있을 때 그냥 그래머 인 유스 순서대로 독파하고 열심히 독해집으로 단어공부 함께 했어요. 이런 식으로 해서 문법뿐만 아니라, 학창시절에 영어 틀리는 일은 정말 드물었던 것 같아요.

참고 ◎ 그래마 인 유스의 예문을 통해 공부를 한 방식은, 문법 규칙을 명시적으로 배우지 않고 예문을 통해 자연스럽게 습득하는 방식인 '암시적 학습'(Implicit Learning)과 관련이 있다. 그리고 이를 통해 언어를 덩어리(chunk) 단위로 학습하는 방법인 '청크 학습'(Chunk Learning)으로 이어진 것이다.

주지후 어떻게 보면 그게 맞는 문법 교육이에요.

이윤규 그죠? 그런데 그렇게 직접 써보면서 영작한다는 생각은 안 했거든요. 아참, 그거랑 뭘 또 했냐면 그 당시에 선생님이 영영사전을 보라고 하셨고, 하나 더 뭘 했냐면 영어일기를 쓰라고 시키셨어요.
영어일기를 쓰는 건 문법책 빈칸 채우기보다는 어려웠지만, 결국엔 내가 공부한 문장을 응용해서 쓰게 되거든요. 특히나 그땐 중학생 때라 지식기억이 발달한 때라서 아직까지 몇몇 일기는 기억이 나요. 팝송 노래 가사 바꿔서 쓴 것들. 지금 생각하면 그 과정이 강화된 단기기억을 장기기억으로 만드는 과정이었네요.

참고 ◎ 이는 스웨인(Swain)의 이론으로, 언어 생산(예: 영어 일기 쓰기)을 통해 언어 능력이 향상된다는 '출력 가설'(Output Hypothesis) 개념 및 단기기억을 장기기억으로 전환하는(예: 영어 일기 쓰기와 팝송 가사 바꾸기 등의 활동) '기억 강화'(Memory Consolidation)와 관련이 있다.

3. 독해공부법

FUNDAMENTALS

- "직독직해"는 환상에 불과하다.
- 단어, 문법, 구문, 지문 순으로 범위를 넓혀가며 독해연습을 하는 것이 좋다.
- 유년기에 영어를 배운 경우가 아니라면 한국어와 영어의 차이점을 이해해야 한다.
- 복문을 읽을 때는 벤다이어그램과 같은 심상을 이용하라.
- 미리보기 전략에 따라 뒷내용을 미리 시야에 넣으면서 독해하라.
- 시험을 위해서는 '답을 빠르게 찾는 방법'까지도 별도로 연습해야 한다.

이윤규 기존에 독해 공부법들이 많이 있어요. 단어와 문법부터 시작해서 구문독해, 지문독해로 나아가는 방법이라든지, 전체를 읽는 게 아니라 문형을 분석해서 주어동사, 그 외의 것으로 끊어 읽기나 직독 직해를 하는 방법이라든지.
이 중에서 단어, 문법부터 시작해서 구문, 나중에 지문 전체로 나가는 방식은 난이도를 조절해서 성취동기도 높이고 나름대로 효율적인 방법이라고 할 수가 있죠. 단어나 문법을 배우는 자체가 그 부분에 대한 독해이기 때문에 따로 분리할 것도 없고, 현재 내가 다룰 수 있는 것부터, 또 그만큼만 공부를 하는 방식이거든요.
그런데 '끊어 읽기'나 '직독직해' 같은 방식에 대해서는 저는 의문이 많이 있어요. 이건 최종적으로 독해가 다 되는 사람 정도 되어야 끊어 읽을 부분도 보이고, 직독직해도 되는 게 아닌가 그런 생각이 들어서요.

주지후 직독직해에 대해 말씀드리고 싶은 게 있어요. 사실 '직독직

해'라는 이름을 건 교재나 방법론은 굉장히 많죠. 그런데 여기서 재미있는 점은 뭐냐면, 아직까지 '직독직해'에 대해 정확한 정의를 내린 사람이 없다는 거예요.

제가 현장에서 많이 봤던 건데요, 솔직히 말씀드리면 이런 방식들 중 99%가 실제로는 말이 되지 않는 것들이었어요. 이렇게 말씀드리면 저를 비난하실 분이 있을 수도 있겠네요. 하지만 제가 강조하고 싶은 건 이거예요. 영어를 이미 할 줄 아는 사람이 보는 영어와 아직 모르는 사람이 보는 영어는 완전히 다르다는 거죠.

예를 들어볼게요. 제가 지금 만약 영어 문장을 쭉 읽으면서 이걸 한국말로 그냥 바로 순차적으로 해석한다면, 당연히 할 수 있겠죠. 하지만 이건 제 시점에서 본 거예요. 중요한 건 뭐냐면, 학생들은 그 구조가 머릿속에 없다는 거예요. 그래서 이런 식으로 해석이 되니까 '너희들도 이렇게 해라'라고 하는 건, 사실 그 강사나 교재 제작자들이 일부러 그런다고 하기 보다는 정말 이 점을 모르고 있는 거죠.

이윤규 후견지명. 영어로는 'hindsight bias'라고 하죠. 자기가 알고 있는 결과를 가지고 과정도 그랬을 거라고 착각하는 것. 끊어 읽기나 직독직해 가르치는 분들이 딱 그래요.

참고 ◎ '후견지명(後見之明) 또는 사후 과잉 확신 편향(Hindsight bias)'은 심리학에서 중요한 개념이다. 이는 사람들이 어떤 사건이 발생한 후에 그 사건을 예측할 수 있었다고 믿는 경향을 말한다. 이 개념은 1975년 바루크 피쇼프(Baruch Fischhoff)에 의해 처음 연구되었다.

주지후 네, 말씀하신 대로 이건 일종의 확증편향이라고 볼 수 있어요. 제가 이 문제에 대해 깊이 들여다보게 된 이유가 바로 그거에요. '혹시 내가 편견을 가지고 있는 건 아닐까?' 하는 생각에 자세히 봤거든요. 그런데 아무리 봐도 뭔가 맞지 않는 거예요.

제가 관찰한 바로는, 직독직해를 주장하시는 분들 중에는 영어를 자기도 모르게 습득하신 분들이 꽤 많아요. 예를 들면, 어렸을 때 외국에 살다 오셨거나, 사춘기 이전에 원어민들과 함께 영어를 배웠다든가 하는 분들이죠. 이분들의 공통점이 뭐냐면, 한국어와 영어의 언어적 괴리로 인해 느끼는 고통을 거의 경험해보지 못했다는 거예요.

참고 ◎ 언어 습득의 결정적 시기(Critical Period) 이론에 따르면, 대략 13세 이전에 언어를 접하면 모국어 수준으로 습득할 가능성이 높다. 이 이론은 에릭 레너버그(Eric Lenneberg)가 1967년에 제안했으며, 언어 학습의 생물학적 기초에 대한 중요한 통찰을 제공했다.

그러다 보니 이분들이 무슨 악의가 있어서 그러는 게 아니라, 정말 그 어려움을 모르시는 거예요. 하지만 언어의 운영체제(OS)를 평생 한국어로만 써온 사람들에게는 영어가 순차적으로 읽히질 않아요. 처음에는 오히려 완전히 역순으로 해석하게 되죠.

우리가 흔히 '뒤에서 앞으로 해석하지 말라'고 하잖아요. 그런데 어떻게 그걸 안 할 수 있겠어요? 처음 배우는 사람 입장에서는 그게 가장 자연스러운 방법이에요. 외국인들도 한국말 배울 때 똑같은 경험을 해요. 우리말의 수식 구조가 영어와 정반대니까 처음에는 거꾸로 해석해야 이해가 되는 거죠.

한국말을 읽으면서 바로 이해하는 외국인들, 그런 분들은 '비정상회담' 같은 프로그램에 나오시는 분들이에요. 그 정도 수준을 처음부터 바라시면 안 돼요.

그래서 제가 강조하고 싶은 건, 영어 독해를 할 때 막히는 부분이 있으면 반드시 찾아보셔야 한다는 거예요. 필요하다면 역순으로라도 해석을 해보셔야 해요. 다만, 이런 과정이 누적되면서 우리 뇌가 점점 그 구조에 익숙해지고, 정보처리를 빠르게 할 수 있게 돼요.

그러다 보면 어느 순간, 내가 역순으로 보고 있다는 걸 의식하지 못한 채 순차적으로 이해하게 되는 경우가 와요. 그때가 바로 중급자로 올라가는 시점이라고 볼 수 있죠.

	별자리를 아는 사람 '저기 적국성이 있네'	내용을 다 이해하는 사람 '직독직해하면 된다'
	별자리를 모르는 사람 '별이 빛난다'	내용을 잘 모르는 사람 '직독직해가 안 되네…'

이윤규 정리해 보면 단어, 문법, 구문, 지문 순으로 범위를 넓히는 것은 효율적인 방식이다. 하지만 끊어 읽기나 직독직해는 그게 가능한 사람에게만 유효한 방법이다. 이렇게 볼 수 있겠네요.

다만 우리가 여기서 하나 알 수 있는 건, 영어의 특징이나 한국말과의 차이점, 구조 같은 것을 알면 독해가 훨씬 쉬워질 수 있겠다는 거에요. 제가 파악하기로는 한 세 가지 정도 독해하면서 어려움을 많기 겪게 되는 것 같아요.

첫째는 당연히 모르는 단어가 많이 포함되어 있을 때고, 둘째는 주어가 엄청나게 길 때, 마지막으로 영어 특유의 구조를 가지고 있어서 한국적 사고로는 이해가 어려울 때에요.

주지후 네, 말씀하신 대로 이 문제는 한국인들이 겪는 어려움이에요. 우리가 알아야 할 중요한 점은 언어 간의 거리예요. 서로 가까운 언어일수록 배우기 쉽고, 멀수록 어려워지죠.

이와 관련해서 미국에 FSI라는 기관이 있어요. 미 국무부 산하에 있는 외교관 양성 기관인데, 여기서 언어 간 거리에 대한 통계와 분석을 했어요. 그 결과, 한국어와 영어는 서로 가장 먼 언어 중 하나로 나타났어요. 그래서 영어 원어민이 한국어를 배우기도, 한국어 원어민이 영어를 배우기도 굉장히 어려운 거예요.

참고 ◎ FSI(Foreign Service Institute, 국립 외교연수기관)의 언어 난이도 분류에 따르면, 한국어는 영어 원어민에게 가장 어려운 'Category V'에 속한다. 이는 일본어, 중국어, 아랍어 등과 같은 범주이다.

예를 들어볼까요? 우리말은 수식하는 말들이 앞쪽에 붙잖아요. 영어를 모국어로 쓰는 사람들은 이걸 처음에 너무 힘들어해요. '내가 어제 너랑 같이 먹다가 남긴'까지 말했을 때, 아직 명사가 안 나온 거예요. 반면에 영어를 쓰는 사람들은 먼저 명사를 말하고, 그 다음에 관계대명사를 써서 설명을 붙이죠.
이런 식으로 생각하는 순서 자체가 다르기 때문에, 영어 쓰는 분들이 한국어를 배울 때 굉장히 어려워해요. 실제로 제 주변에 한국어를 배우는 외국인 친구들이 많은데, 정말 힘들어하더라고요.
우리말의 또 다른 특징은 동사가 문장 끝에 온다는 거예요. 그래서 주어와 목적어까지 들어도 결론을 알 수 없어요. 영어를 모국어로 쓰는 사람들 입장에서는 '내가 어제 먹다가 남긴 그 피자를 냉장고에'까지 들어도 뭐라고 하는 건지 결론을 모르는 거죠.
반대로 영어는 어떨까요? 주어가 먼저 나오고, 어떻게 했는지 결론이 먼저 나와요. 그 다음에 목적어인 피자가 나오고, 그 피자가 어떤 피자인지는 그 뒤에 쭉 설명하는 식이에요.
이렇게 어순이 정반대이기 때문에 우리가 영어를 읽을 때 특히 어려움을 겪는 거예요. 첫 단어를 봤을 때, 원어민들은 동사와 목적어, 수식구가 이어서 나올 거라고 기대하면서 읽죠. 거의 순식간에요. 하지만 우리는 첫 단어를 보는 순간, 뒤에 무슨 말이 나올지 예상하기 어려워요. 우리의 언어 운영체제가 다르기 때문이죠.
그래서 우리가 학창 시절에 배웠던 영문법 중에서 특히 어려워하는 부분들을 보면, 대부분 우리말에 없는 요소들이에요. 관계대명사 같은 거요. 한국어에는 관계대명사가 없거든요.
반대로 영어 원어민들이 한국어를 배울 때는 우리의 활용형 때문에 굉장히 힘들어해요. '먹다'가 '먹은', '먹던' 이렇게 바뀌는 걸 보면 정말 어려워하죠. 그들 입장에서는 이 모든 걸 다 외워야 하니까요.

영어 결론이 빠르다	**Can you hand me the pizza I left?** 주어 동사 명사 설명 **결론**
한국말 결론이 늦다	내가 먹다 남긴 피자 좀 내게 줄래? 설명 명사 동사 **결론**

참고 ◎ 한국어와 영어의 구조적 차이는 언어학적으로 '어순 유형론(Word Order Typology)'의 관점에서 설명할 수 있다. 그린버그(Greenberg)의 연구에 따르면, 한국어는 SOV(주어-목적어-동사) 어순을, 영어는 SVO(주어-동사-목적어) 어순을 기본으로 한다. 이러한 기본 어순의 차이가 두 언어 간의 학습 난이도에 큰 영향을 미친다.

주어가 긴 경우도 참 힘들죠.

주지후 네, 말씀대로 영어에서는 주어가 정말 길어질 수 있어요. 제가 읽었던 영국 작가가 쓴 책에서 주어가 세 줄이나 되는 문장을 봤어요. 왜 그럴까요? 영어는 수식하는 말이 뒤쪽으로 붙으니까요. 주어가 나오고 나서 관계대명사 등이 계속 설명을 이어나가는 구조라서, 동사가 나오기 전에 주어 설명이 길어지곤 해요.

이런 구조를 보면 굉장히 복잡하죠. 주어를 설명하는 문장이 세 줄을 넘어가고, 실제 동사는 네 번째 줄에 가서야 나옵니다. 이런 게 우리에게는 정말 어려운 요소입니다.

그런데 재미있는 점은, 우리가 학창 시절에 고생했던 영어 문법들, 예를 들면 관계대명사나 관계부사 같은 것들이 실제로 영어 실력을 가로막는 요소라는 거예요.

제 경험상, 이런 문법들을 제대로 이해하고 한 번 뚫고 나면 영어 독해 능력이 급격히 향상됩니다. 제가 만난 많은 학습자들 중 관계대명사와 관계부사를 제대로 이해하고 쓰는 사람은 0.1%도 안 된다고 생각해요.

참고 ◎ 관계절의 습득 난이도에 대해 키넌(Keenan)과 콤리(Comrie)는 '명사구 접근성 위계(Noun Phrase Accessibility Hierarchy)'의 개념을 제안했다. 이 이론에 따르면, 주어 위치의 관계절이 가장 쉽고, 소유격 위치의 관계절이 가장 어렵다. 이는 한국어 화자가 영어 관계절을 습득할 때 겪는 어려움을 이해할 수 있게 해준다.

이윤규 저도 한국어 문장에는 없지만, 영어 문장에는 세미콜론을 찍고 설명을 이어가는 것이 처음엔 정말 낯설었어요.

세미콜론(;)이 사용된 문장의 예시들

- **She was tired; she decided to take a nap.**
  그녀는 피곤해서 낮잠을 자기로 했다.
- **We visited Paris, France; Berlin, Germany; and Rome, Italy.**
  우리는 프랑스의 파리, 독일의 베를린, 그리고 이탈리아의 로마를 방문했다.
- **He didn't study; therefore, he failed the test.**
  그는 공부하지 않아서 결국 시험에 떨어졌다.

주지후 맞아요. 영어권 사람들이 특히 좋아하는 구두점 중 하나가 바로 세미콜론이죠. 세미콜론을 찍으면 동사 없이 두 줄 이상 구로만 이어질 수 있어요.

이걸 이해하려면 첫째, 구두점에 대한 이해가 필요하고, 둘째, 구만 보고도 문장을 해석할 수 있는 능력이 필요해요. 영어 독해는 이런 요소들 때문에 복합적인 어려움이 생깁니다.

참고 ◎ 영어 문장에서는 구두점이 문장 구조와 의미를 결정짓는 중요한 역할을 한다. 특히 세미콜론은 독립적인 절을 연결하는 데 자주 사용된다.

하지만 가장 중요한 건 우리말에 없는 영어만의 표현 방식을 먼저 공략하는 거예요. 우리말에도 있는 요소를 계속 공부하는 건 효율적이지 않아요. 예를 들어 '주어-목적어-동사' 같은 기본적인 개념보다는, 우리말에 없는 관계대명사나 분사구문에 집중하는 게 훨씬 효과적입니다.

이윤규 저는 어순을 '모기-잠자리-까치의 법칙'으로 정리해요. 영어는 작은 것부터 시작해서 큰 정보들이 뒤따라오죠. 모기가 잠자리에게 잡아먹히고, 잠자리는 까치에게 잡아먹히는 순서처럼요.
예를 들어 '나는 매일 밤 9시에 라면을 먹는다'라고 하면, 우리말에서는 '매일 밤 9시'라고 먼저 말하지만, 영어는 'at 9 - every night' 이 순서로 나오더라고요.

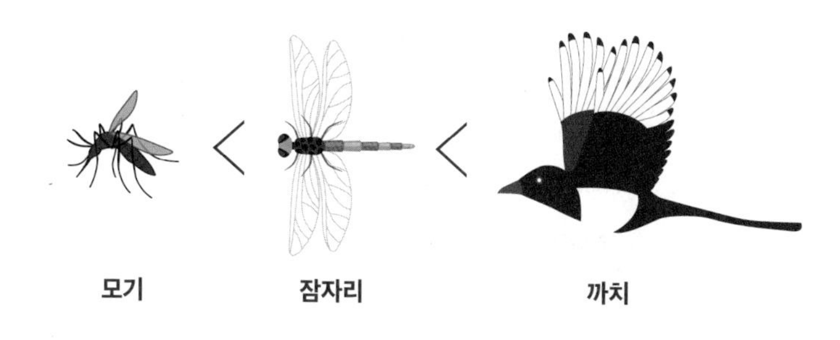

주지후 예전에 정철 선생님이 '영어는 기자회견식 언어'라고 비유하신 적이 있어요. 이 비유가 영어의 특성을 정말 잘 설명해 줍니다.
기자회견장에서 질문하듯이 영어가 구성된다는 거죠. 예를 들어 '어디 있었어요?'라고 물으면, 'Las Vegas'라고 대답하고, '왜요?'라고 다시 물으면 그 이유가 뒤에 나와요. 또 '누구랑?'이라고 물으면 전치사가 나와서 답을 이어가죠. 이렇게 정보가 뒤로 계속 붙는 게 영어의 특징이에요.

참고 ◎ 영어 문장에서 정보는 종종 뒤쪽에 배치되며, 이 때문에 한국어와 어순 차이가 발생한다. 이는 한국어로를 모국어로 사용하는 사람들에게 있어 영어독해에서 어려움을 유발할 수 있다.

우리말은 완전히 다르죠. 정보가 모두 앞에 붙어서 나와요.

예를 들어 'I met the girl who has long hair.'라고 하면, 우리말로는 '긴 머리를 가진 그 여자를 만났어.'라고 하죠. 영어는 'who has long hair'가 뒤에 붙는 반면, 한국어는 그 정보가 앞에 옵니다.

이윤규 그래서 저는 독해할 때 벤다이어그램을 머릿속에 그리면서 해석해요. 예를 들어 'sports can trigger an emotional response in its consumers of the kind rarely brought forth by other products.'라는 문장이 있으면, 'an emotional response' 뒤에 'in'이 나올 때 그 아래로 수식어들을 넣어서 큰 그림을 그리죠. 'of the kind', '(which is) rarely brought forth', 'by other products'처럼 말이죠.

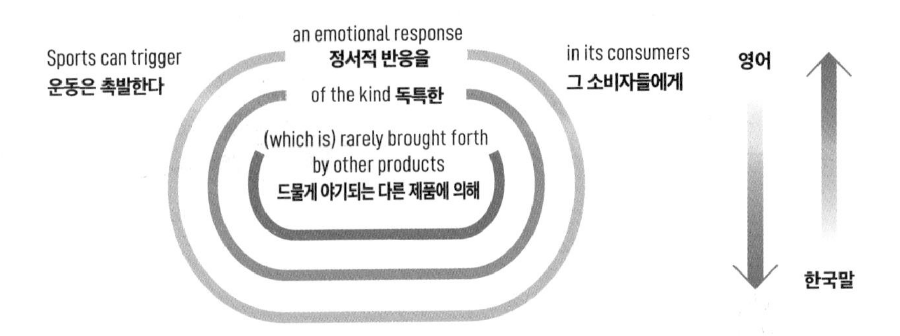

글을 읽으면서 '밑으로' 정보를 붙여 넣는 거에요. 물론 이렇게 하려면 단어 뜻 같은 것은 다 알고 있어야 하고, 주어나 동사 같은 것은 구별을 할 수 있는 상황이어야 해요. 이 방법은 읽은 문장을 기억하기에 좋은 방법이에요. 독해 지문들 중에 긴 문장을 읽다 보면, 이 연설문처럼 쭉쭉 나오는 수식어 때문에 '내가 앞에 읽은 게 뭐였지?' 이런 생각 들 때가 많거든요. 어순이 다르다는 사실과 그걸 극복하는 방법은 다른 문제인데, 우리나라에서는 어순이 다르다까지만 강조하고, 그걸 극복할 방법에 대해서는 구체적으로 말하지 않는 경우도 많은 것 같아요.

주지후 오, 그거 굉장히 좋은 접근법이라고 생각해요. 우리가 어차피 그 심상으로 도상적으로 많이 기억을 한다고 하니까 그 자체가 굉장히 인지에 도움을 줄 것 같아요.

이윤규 그리고 하나 더 있어요. 학생 때부터 갖고 있던 습관인데, 영어는 연설식으로 뒤로 말이 붙어 나오기 때문에 항상 약간 뒤쪽을 미리 읽는 방식이 효과적인 것 같아요. 한국말은 그냥 쭉 읽잖아요? 그런데 영어는 한두 음절 정도를 함께 읽는 느낌으로 약간 넓은 범위로 읽어주면 훨씬 쉽게 해석이 되는 것 같아요.
앞서 얘기한 직독직해를 강조하는 책들 중에 이렇게 뒤에서 당겨오는 식으로 화살표 그려서 설명하는 책이 있어요. 다만 이건 처음 공부하는 사람 입장에서는 잘 되지 않기 때문에, 제가 말씀드린 것처럼 '미리 뒤에 나오는 단어를 해석하면서 살짝 앞의 것을 읽는다' 이 정도 습관을 갖는다고 생각하면 어떨까 해요.

참고 ◎ 이처럼 '뒤쪽을 미리 읽는 방식'은 독해 전략 중 '미리보기(previewing)' 기법과 유사하다. 이는 굿맨(Goodman)의 '독해 과정 모델'에서 설명하는 톱-다운(top-down) 처리 방식의 한 예로, 전체적인 맥락을 파악하여 텍스트의 이해를 돕는 전략이다.

주지후 그렇죠 사실은 그게 어떻게 보면 우리가 영어를 잘하게 됐을 때 나도 모르게 빨리 처리하는 것들이 다 그런 식이더라고요. 그리고 아까 벤 다이어그램 말씀하셨잖아요. 원어민들이 실제로 자기들 언어를 그렇게 이해할 거예요. 제 생각엔 그래요.

이윤규 아, 그리고 예전에 제가 외국인 친구들하고 약속 잡을 때가 떠오르는데, 우리는 항상 완전한 문장으로 쓰려고 하잖아요. '우리 언제 어디서 볼까?' 이렇게 물어보면 외국인 친구들은 정말 친했는데도 명사 위주로 항상 단답이었어요. 예를 들어서 'Usual Place, usual time' 이런 게 끝이었어요. 그래서 저 오해도 되게 많이 했어요. 왜 이렇게 매너가 없지? 나만 친하게 생각하나? 이러면서. 근데 이후에 영어 기사나 글 같은 거 계속 읽다 보니 원래 이 사람들은 우리처럼 말 되게 다 쓰는 게 아니라, 명사만 나열하는 식으로 글을 쓰는 경우도 종종 있더라고요.

주지후 그렇죠, 정말 날카로운 지적이세요. 영어에서는 명사로 문장을 끝내는 경우가 많아요. 이게 영어의 독특한 특징 중 하나죠.
사실 영어권에서는 글쓰기 실력을 뽐내는 방법이 좀 특별해요. 주어, 동사, 목적어를 모두 갖춘 완전한 문장을 쓰는 대신, 이런 요소들을 과감히 생략하고 표현하는 거죠. 이런 기법을 잘 구사할수록 글을 잘 쓴다고 인정받는 경향이 있어요.
예를 들어볼까요? 'The city at night, a dazzling spectacle of lights and shadows.' 이런 식이에요. 보시면 주어와 동사가 없죠? 하지만 이런 표현이 오히려 더 세련되고 멋있게 느껴지는 거예요.

참고 ◎ 영어 문장에서 종종 주어와 동사를 생략하고 명사나 명사구만으로도 문장을 구성할 수 있으며, 이는 특히 신문 기사와 같은 공식적인 글쓰기에서 자주 사용된다. 이러한 현상은 언어학에서 '생략(ellipsis)'이라고 불린다.

이윤규 뉴스 하니까 또 생각나는 건, 과거에 일어난 일을 헤드라인에 쓸 때는 꼭 현재형으로 쓴다는 거. 예를 들어서 "Tottenham beats Newcastle 3-0, '토트넘이 뉴캐슬을 3대0으로 이겼다'고 할 때 현재형인 beats를 쓴다" 이런 식으로요.

그걸 '역사적 현재(Historical Present)'라고 합니다.

Tottenham beats Liverpool 1-0 in English cup semis

Football

AP

9 January 2025 1:17 PM

이윤규 처음에 저는 그래서 내가 영어를 잘못 배웠나 했어요.

주지후 아니에요. 그건 그 사람들 전통이에요. 히브리어는 더 웃겨요. 히브리어에서는 미래의 사실, 그것도 아주 강한 의지나 확신을 가진 미래의 일을 말할 때 완료형을 써요. 우리 입장에서는 좀 이상하게 들리겠지만, 그들에게는 자연스러운 표현 방식이죠. 이게 단순히 언어적 특징으로만 그치는 게 아니에요. 이런 언어 사용이 유대인들의 사고방식과 문화에 깊이 연관되어 있다고 해요. 그래서 성서 한국말로 번역할 때 엄청 힘들다고 하더라고요.

참고 ◎ 히브리어의 시제 사용은 언어학에서 '상(aspect)'의 개념과 관련이 있다. 콤리(Comrie)의 연구에 따르면, 언어마다 시간을 인식하고 표현하는 방식이 다르며, 이는 해당 문화의 시간 개념과 밀접하게 연관되어 있다. 히브리어의 경우, 미래의 확실한 사건을 완료형으로 표현하는 것은 그들의 독특한 시간 인식을 반영한다고 볼 수 있다.

이윤규 영자신문 같은 건 그거 외에도 동사를 생략한다든지, will 대신 to를 쓴다든지, 정부 대신 그 나라 수도를 쓴다든지, 처음 보는 약어를 쓴다든지 하는 것도 떠오르네요. 이건 영어 독해 전반의 문제라고 하기는 그렇지만, 막상 영어공부해야지! 하면서 영자신문 보면 다들 겪는 문제인 것 같아요.

참고 ◎ 영어 신문에서는 정보 전달의 간결성을 위해 동사 생략이나 약어 사용 등의 특수한 기법을 자주 사용한다. 이는 벨(Bell)의 '미디어 언어학(Media Linguistics)' 연구에서 다루어진 주제로, 신문 언어는 그 고유의 특성을 가지고 있는 것으로 분석된다.

이번에 얘기한 것들을 정리하면, 먼저 자신의 수준에 맞게 범위를 작은 것에서 큰 것으로 넓혀갈 것, 다음으로 영어 특유의 구조나 어려움을 야기하는 부분, 어순이나 긴 주어 같은 것들을 집중적으로 공략할 것. 이렇게 되겠네요.

주지후  공부법학회 회장님의 시험용 팁 같은 건 없을까요?

이윤규 당연히 있죠. 시험에서는 정석적으로 정직하게 하나하나 읽고 다 독해해서 풀지 말고, 유형별로 나눠서 어느 부분을 읽으면 대충 답이 있을지, 그리고 내용 정리된 것이 주어졌을 때는 처음부터 그걸 읽고 내용을 빨리 파악한다든지 그런 실전적인 감각을 길러야 해요.
시험은 사실 지식과의 싸움이 아니라 시간과의 싸움이거든요. 어려운 문제들이야 꼼꼼히 읽고 해석해서 풀어야겠지만, 대부분의 독해 문제는 글의 유형에 따라 읽어야 할 부분들이 정해져 있는 경우가 많아요. 특히 수능, 토익 이런 유형의 시험은 거의 예외가 없죠.
'변호사님, 그건 변호사님 수능 치고 토익 치던 시절이나 그렇고, 지금은 안 그렇다' 이런 댓글도 받아본 적이 있어요. 그래서 제가 다시 기출 다 분석해봤거든요. 그런데 여전히 동일했어요. 처음부터 답지 펼쳐서 답 형광펜으로 칠한 후에 대체 어디를 읽으면 이걸 알 수 있는지 고민을 해보고, 비슷한 느낌의 글들을 묶어보면 바로 규칙들이 보이더라고요.
너무 정직하게, 순진하게 다 읽고 풀려는 것보다, 많이 맞힌 사람이 공부 잘 한거라는 생각을 조금 하는 것도 중요한 것 같아요.
스포츠 심리학에서는 이런 식의 연습을 평소의 '정확성 연습, 기능연습(Practice)'과 구별해서 '트레이닝(Training)'이라고 불러요. 공부에서는 별로 의식되지 못하고 있는 부분이에요.

4. 듣기 공부법

FUNDAMENTALS

- 읽기와 듣기는 입구만 다를 뿐, 모두 뇌가 정보를 처리한다는 점에서 같다.
- 듣기가 되지 않을 때는 스크립트를 '읽어서는' 이해가 되는지부터 점검하라.
- 듣기는 정말로 모든 것을 듣는 것이 아니라, 주요정보를 통해 추론을 하는 과정이다.
- 듣기 자료를 모두 듣고 요약해보는 훈련을 하는 것이 매우 효율적이다.
- 유튜브에서 가장 관심이 가는 주제의 짧은 영상으로 공부하는 것도 좋다. 한글과 영어 자막을 동시에 켜고 공부한 후에 한글-영어자막 순으로 끄면서 연습한다.
- 시험에서는 실전연습(TR)-비실전연습(PR)-다시 실전연습(TR)의 루틴으로 공부한다.

이윤규 주변에 보면 '나는 독해를 열심히 했는데 듣기도 되더라.'하는 분들도 있더라고요. 이게 말이 되는 건가요?

주지후 사실 듣기와 읽기는 모두 수동적인 언어 활동이라고 볼 수 있어요. 왜 수동적이냐고요? 음, 이렇게 생각해 보세요. 물론 우리가 들은 내용이나 읽은 내용을 나름대로 해석하고 재구성하는 과정에서 어느 정도 능동성이 발휘되긴 합니다. 하지만 기본적으로 이 두 활동은 외부에서 들어오는 정보를 받아들이는 과정이에요.
듣기의 경우에는 귀로 들어온 청각 정보를 뇌에서 처리하는 거고, 읽기는 눈으로 들어온 시각 정보를 뇌에서 처리하는 거죠. 둘 다 외부의 자극을 받아들이는 과정이라는 점에서 수동적이라고 할 수 있어요.

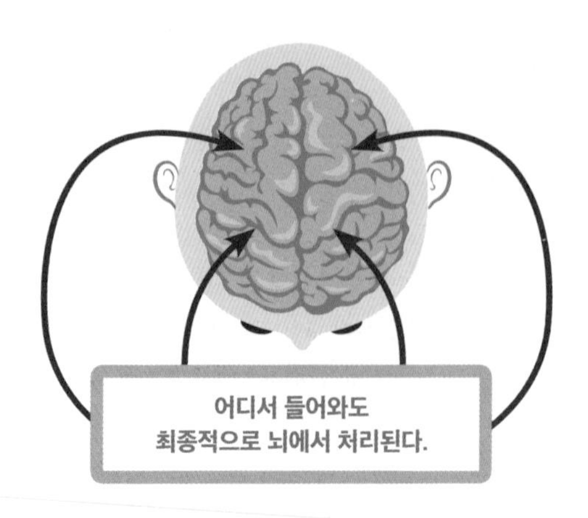

그런데 읽기에 대해 재미있는 사실이 있어요. 우리가 글자를 읽는 능력을 갖게 된 건 인류 역사에서 비교적 최근의 일이에요. 얼마나 최근이냐고요? 글쎄요, 글자 자체가 나온게 대략 5천 년 전이니까 정말 최근이죠. 인류의 전체 역사 30만 년에 비하면 정말 짧은 시간이죠.

참고 ◎ 인류의 문자 사용 역사는 약 5,000년 전으로 거슬러 올라간다. 가장 오래된 문자 체계 중 하나인 수메르의 쐐기 문자는 기원전 3,200년경에 등장했다. 이는 인류의 역사(약 300,000년)에 비하면 매우 짧은 기간이다.

이 짧은 역사 때문에 우리 뇌는 아직 글자만 보고 소리 없이 읽는 능력이 완전히 발달하지 않았어요. 그래서 우리가 글을 읽을 때는 무의식적으로 아주 빠른 속도로 그 글자의 소리를 머릿속에서 처리하게 돼요.

이윤규  머릿속으로 음성파일을 재생 해보는 거네요.

주지후 맞아요. 사실 읽기라는 과정은 어떻게 보면 우리 뇌 속에서 소리를 재생해보는 것과 비슷하다고 할 수 있죠. 재미있는 점은, 우리가 모국어로 글을 읽을 때, 특히 세 글자 정도의 짧은 단어를 읽을 때는 이런 과정을 의식하지 못한 채 자동으로 처리한다는 거예요.

참고 ◎ 이 현상은 '내적 음성화(inner vocalization)' 또는 '서브보컬리제이션(subvocalization)'이라고 한다. 이는 읽기 과정에서 뇌가 텍스트를 내적으로 '말하는' 현상을 말한다. 많은 연구에서 이 과정이 읽기 이해에 도움을 준다는 점을 지적하고 있다.

그리고 여기서 더 흥미로운 점이 있어요. 귀로 들었을 때 정보를 처리하는 방식과 책을 읽었을 때 정보를 처리하는 방식이 상당히 유사하다는 거죠. 왜 그럴까요? 음, 이렇게 생각해보세요. 우리 뇌가 어떤 정보를 처리하려면, 결국 그 소리와 연관된 의미를 우리 기억 속에서 끌어와서 매칭해봐야 해요. 이 과정은 듣기나 읽기나 비슷하게 일어나는 거죠.
물론 이 모든 과정은 정말 빠르게, 아마도 0.0001초 만에 일어나고 우리가 의식적으로 알아차리지도 못할 정도예요. 그만큼 우리 뇌가 효율적으로 작동한다는 증거겠죠.

참고 ◎ 뇌의 정보 처리 속도는 매우 빠르다. 신경과학 연구에 따르면, 시각 정보 처리는 약 13밀리초(0.013초)만에 이루어질 수 있다. 청각 정보 처리는 이보다 조금 더 오래 걸리지만, 역시 매우 빠른 속도로 진행된다.

이런 특성 때문에 재미있는 현상이 나타나요. 사람들은 독해 능력이 늘면서 듣기 능력도 같이 좋아지기도 하고, 또 어떤 사람들은 듣기 연습을 하다 보니 독해 능력도 함께 향상되는 경우가 있어요.
제 개인적인 경험을 말씀드리자면, 제가 토플이나 토익 강의를 많이 했었는데요. 그때 어려운 지문들을 제가 직접 음성 파일로 녹음해서 해설과 함께 학생들에게 배포한 적이 있어요. 흥미로운 건, 그 파일을 그냥 듣기만 해도 독해 속도가 빨라지는 학생들이 있더라고요.
이런 현상들을 종합해보면, 결국 독해와 듣기는 처음에 정보가 들어오는 감각 기관은 다르지만, 뇌에서 그 정보를 처리하는 과정은 굉장히 비슷하다고 볼 수 있어요.

이윤규 그러면 우리가 독해에 썼던 주요한 전략들, 컴플리헨시블 인풋이라든지 i+1 같은 것도 똑같이 쓸 수 있겠네요.

주지후 그렇죠. 다만 이제 우리가 듣기 공부할 때 한 가지 더 생각해 봐야 될 게… '안 들린다'라고 막연하게 얘기하면 안 되고요. 보다 구체적으로 얘기를 해야 해요. 한두세 가지 정도의 방해요소가 있는데, 첫 번째는 내가 알고 있었던 발음이 그 발음이 아닌 경우가 있어요.
실제로 토익 시험에서 이런 유형의 문제가 자주 출제되곤 합니다. 제가 경험한 재미있는 사례들을 몇 가지 소개해 드릴게요.
예를 들어, 미국식 영어와 영국식 영어의 발음 차이를 활용한 문제들이 있어요. 영국식 발음으로 'I'll ask her'라고 말하면, 많은 학생들이 'Alaska'로 들어요. 왜 그럴까요? 영국식 발음에서는 'r' 소리가 거의 발음되지 않기 때문이에요. 그래서 'ask her'가 마치 'aska'처럼 들리는 거죠.

참고 ◎ 이러한 현상은 '비음화(rhotic)'와 '비비음화(non-rhotic)' 발음의 차이에서 비롯된다. 미국식 영어는 대체로 비음화 발음을 사용하여 'r' 소리를 강하게 발음하는 반면, 영국식 영어는 비비음화 발음을 사용하여 'r' 소리를 약하게 발음하거나 생략하는 경향이 있다.

또 다른 예로, '시장'을 뜻하는 'mayor'라는 단어가 있어요. 이 단어를 영국식으로 발음하면 '뭬야'와 비슷하게 들립니다. 이런 발음 차이는 학생들을 헷갈리게 만들죠.
그리고 또 하나 중요한 점이 있어요. 때로는 단어 자체를 모르거나, 문장 구조가 너무 복잡해서 읽어도 이해가 안 되는 경우가 있죠. 이런 경우에는 듣기는 물론이고 읽기도 어려워집니다.

제가 실제 수업 현장에서 해본 작은 실험이 있어요. '선생님, 안 들려요'라고 말하는 학생들에게 스크립트를 보여주곤 했어요. 그리고 '무슨 말인지 알겠어?'라고 물어보면, 학생들이 한참을 보다가 '모르겠어요'라고 대답하는 경우가 많았죠.

이윤규 사실은 귀로 듣지 않고 눈으로 봤어도 최종적 정보 처리를 할 수 없는 상황이었네요.

주지후 그렇죠. 귀로 듣는 게 문제가 아니라 눈으로 봐도 똑같이 정보처리가 안 되는 거죠. 그래서 듣기가 안 될 때는 정말 그 원인을 꼼꼼히 분석해봐야 하는 거에요. 왜 안 들리는지, 어떤 부분이 문제인지 파악하고 그에 맞는 해결책을 찾아야 합니다. 예를 들어, 문장 구조 때문에 해석이 안 되어서 듣기가 어렵다면, 사실 우리는 그 구조를 제대로 이해하는 연습을 해야 해요.
그런데 재미있는 건, 많은 사람들이 듣기를 굉장히 막연하게 생각한다는 거예요. '오늘은 잘 안 들려요', '오늘따라 잘 들려요' 이런 식으로요. 심지어 '컨디션이 좋아서 잘 들린다'고 말하기도 하죠. 물론 컨디션도 영향을 미치겠지만, 이렇게 막연하게 접근하면 실력 향상이 쉽지 않아요.
이런 접근 방식 때문에 특이한 현상이 나타나요. 듣기 능력의 향상 속도가 학생들마다 정말 제각각이에요. 어떤 학생은 빠르게 늘고, 어떤 학생은 더디게 늘죠. 다른 영역에 비해 듣기 분야에서 이런 개인차가 더 크게 나타나는 것 같아요.

참고 ◎ 언어 학습에서의 개인차는 '개인차 요인(Individual Difference Factors)'이라고 불리며, 이는 언어 습득 연구의 중요한 주제이다. 이러한 요인들에는 나이, 적성, 동기, 학습 전략, 인지 스타일 등이 포함된다. 특히 듣기 능력의 발달에 있어서는 음운 인식 능력, 작업 기억 용량, 주의 집중력 등이 중요한 역할을 한다고 알려져 있다.

이윤규 여기서도 두 가지로 공부법을 정리해 볼 수가 있겠는데, 첫째는 스크립트의 내용 자체를 이해하는 것. 이 부분은 단어, 문법, 독해 공부법과 똑같고, 둘째는 그걸 바탕으로 내가 머릿속으로 재생하는 스크립트의 발음과 실제 듣는 발음의 싱크를 맞추는 것이겠네요.

주지후 그래서 이제 많은 분들이 연음이나 이런 것도 많이 원인으로 지목하시는데 사실 이건 전체 문제 중 아주 일부에 불과해요. 제가 경험해 본 바로는, 연음이 문제가 되는 경우는 생각보다 많지 않았어요.
오히려 더 큰 문제는 다른 데 있어요. 예를 들어, 전치사나 관사 같은 것들이죠. 재미있는 사실은 이런 부분들은 원어민들도 정확히 듣기 어렵다는 거예요. 실제로 원어민을 대상으로 실험한 연구 결과도 있어요.
관사를 예로 들어볼까요? 'the' 같은 정관사는 들리기는 해요. 하지만 여기서 중요한 점이 있어요. 그런데 'a'는 정말 안 들려요. 외국인이 영어를 공부할 때, 이 관사를 듣고 '아, 여기에 관사가 있구나'라고 인식할 수 있을까요? 이에 대해 분석해 본 결과, 대부분의 경우 알아채기 어렵다고 해요.

참고 ◎ 언어학에서 이런 현상을 '기능어의 축소(function word reduction)'라고 부른다. 영어에서 관사, 전치사, 접속사 등의 기능어는 보통 강세를 받지 않고 빠르게 발음되어 듣기 어려울 수 있다. 2005년 커틀러(Cutler)와 카터(Carter)의 연구에 따르면, 원어민도 이런 기능어를 정확히 인식하는 데 어려움을 겪을 수 있다고 한다.

우리가 한국말로 보통 대화를 할 때도 실제로 우리가 하는 말을 음파로 분석해 보면 굉장히 재미있는 현상이 나타나요. 우리가 '정확하게 말한다'고 생각하는 것들 중에서도 실제로는 틀리게 발음하는 경우가 상당히 많아요.
그리고 또 하나 중요한 점은, 우리가 사용하는 표현들 중에는 해석이 두 가지, 심지어 세 가지로 될 수 있는 말들이 정말 많다는 거예요. 언뜻 들으면 단순해 보이는 표현도, 자세히 들여다보면 여러 가지 의미로 해석될 수 있는 경우가 많죠.
그런데 여기서 정말 놀라운 점은 뭘까요? 우리가 이렇게 '부정확하게' 말하고, 또 '모호하게' 표현함에도 불구하고 대부분의 경우 의사소통에 큰 문제가 없다는 거예요. 어떻게 이게 가능할까요?
바로 여기에 언어의 진짜 비밀이 숨어 있어요. 우리는 단순히 들리는 소리만으로 의미를 파악하는 게 아니에요. 그동안 축적된 언어 경험과 지식, 그리고 그 순간의 상황을 종합해서 '아, 이 사람이 지금 이런 뜻으로 말하는 거구나' 하고 유추하는 거죠.

참고 ◎ 이러한 현상은 언어학에서 '화용론(pragmatics)'의 영역에 속한다. 화용론은 언어가 실제 사용되는 맥락에서 어떻게 이해되고 해석되는지를 연구하는 분야이다. 우리가 불완전한 정보로도 의사소통을 할 수 있는 이유는 대화 참여자들이 '그라이스(Grice)의 협력 원리'와 같은 화용론적 원리들을 통해, 맥락을 바탕으로 의미를 추론하고 소통을 이어나가기 때문이다. 그라이스의 협력 원리에 따르면, 대화 참여자들은 서로 협력하여 상대방의 발화 의도를 이해하려고 노력한다.

이윤규 맞아요. '친구, 밥, 먹었다.' 이런 말을 들으면 '친구가 밥을 먹었다'는 문장으로 머릿속에서 자동으로 재구성을 해주죠. 사실은 우리도 우리말을 100% 다 듣고 이해하는 게 아니라 빈 곳들을 고도의 경험적인 추론으로 채우는 것이네요.
사실 이거 관련해서는 제가 실험을 한번 해봤어요. 예전에 국어 구술시험을 치는 학생들한테 당신이 말한 거를 활자로 변환해주는 어플을 써서 말한 게 맞는지 확인해 보라고 했어요. 그 정리된 것도 받았구요. 그런데 그걸 보니까 완전 다 비문인 거에요. 주술호응도 안 맞고.
제가 그걸 보고, 구어라는 것은 실은 우리가 머릿속에서 말이 되게 재구성해서 인식하는 것이고, 활자를 가지고 독해하거나 작문하는 것과는 완전히 다르구나 이런 생각을 하게 됐어요.

주지후 맞아요. 맞아요.

이윤규 저는 예전에 외국인 선생님이랑 수업할 때 쓰던 방식인데, 15~20분 정도 되는 긴 연설이나 설명 같은 걸 쭉 들으면서 요약정리하는 연습을 했어요. 그리고 나중에 그걸 가지고 발표를 했는데, 당시에는 너무 고통스러운 방법이었지만, 단어 위주로 메모를 하게 되고 단어위주로 기억을 하게 되더라고요. 그러면서 자연스럽게 중요한 정보를 가리는 훈련도 됐고 어떤 느낌의 문장에서는 어떤 말이 중요하구나 라든지 어떤 걸 기억해야 한다는 것도 알게 된 것 같아요.

주지후 그것도 상당히 어렵지만 효과적인 방법입니다.

참고 ◎ 이는 '노트 테이킹(note-taking)' 기술의 일종으로, 언어 학습과 정보 처리에서 중요한 전략이다. 이 방법은 '선택적 주의(selective attention)'와 '요약(summarization)' 능력을 향상시키는 데 도움이 된다. 캐슬린 퀘이더(Kathleen B. Kiewra)는 노트 테이킹이 학습자가 정보를 조직화하고, 중요한 내용과 덜 중요한 내용을 구분할 수 있게 하여 기억 유지와 이해도를 높이는 데 효과적이라고 강조하였다. 또한, 존 던로스키(John Dunlosky)는 노트 테이킹과 요약 필기가 장기 기억 유지와 학습 성과에 긍정적인 영향을 미친다는 점을 실험적으로 증명하였다. 더불어 페벌리와 울프(Peverly & Wolf)의 연구에 따르면, 듣기 활동 중에 노트 테이킹을 통해 요약하며 기록할 때 학습자가 대화의 주요 내용을 더 잘 이해하고 회상할 수 있다는 결과가 나타났다. 이러한 연구들은 노트 테이킹을 통한 요약이 듣기 이해력과 기억력을 높이는 효과적인 학습 전략임을 뒷받침해준다.

이윤규 한편으로 지금은 좀 덜한데, 독해에 비해서 듣기는 자료가 조금 부족한 감이 없지 않죠. 다만 요새는 유튜브 같은 게 있으니까 듣기도 예전보다는 훨씬 접근할 수 있는 자료양이 많아진 것 같아요.

주지후  요즘은 사실 자료가 없어서 공부 못하는 사람은 없어요.

이윤규  그럼 이런 방식도 되게 괜찮겠네요.

유튜브 같은데 들어가서 내가 제일 마음에 드는 영상을 트는 거에요. 흥미나 관심사 뭐든 내가 좋아하는 걸로. 그리고 영어자막을 켜서 보는 거죠. 눈과 귀로 동시에 정보처리를 시도하는.

스크립트 이해랑 싱크 맞추기를 둘 다 할 수 있는 방법일 것 같아요. 대부분 영어듣기 공부법 알려주시는 분들이 같은 얘기를 하거든요.

좀 더 구체적으로 얘기하면, 처음에 한글 자막으로 보면서 맥락을 통해서 좀 익히고. 이 부분은 컴프리헨시블 인풋 방식으로.

그리고 동시에 발음도 조금 익숙해지고, 조금 지나서 영어 자막으로 바꾸어 보면서 무슨 말인지 추론 잘 안 되는 부분은 한글 자막 다시 한번 더 보고, 발음이 안 들리는 부분도 마찬가지로 해주고.

참고 ◎ 이는 '멀티미디어 학습(multimedia learning)' 원리를 활용한 것이다. 리처드 메이어(Richard Mayer)의 연구에 따르면, 시각과 청각을 동시에 사용하는 학습 방법이 단일 감각을 사용하는 것보다 더 효과적일 수 있다고 한다. 또한, 이 방법은 '이중 부호화 이론(dual coding theory)'과도 일치한다. 이에 따르면 정보를 언어적, 비언어적 두 가지 방식으로 처리할 때 학습 효과가 높아진다.

주지후 네, 제 경험을 말씀드리자면, 정말 흥미로운 점들이 많았어요.

처음 미국에 갔을 때의 일인데요, 그때 저는 이른바 '정제된 영어'는 그럭저럭 할 수 있었어요. 그런데 막상 현지에 가서 맞닥뜨린 일상 회화는 정말 달랐어요. 사람들이 사용하는 특정 표현들, 특히 구어체 표현들을 이해하지 못하는 경우가 너무 많았거든요. 그래서 제가 선택한 방법이 바로 미국 드라마였어요. 아무래도 드라마에서 실생활에서 많이 쓰는 표현들을 다룰테니, 그걸 보다 보면 자연스럽게 일상 회화를 익힐 수 있지 않을까 하는 기대감이 있었어요.

제가 사용한 학습법을 자세히 말씀드리자면, 먼저 한글과 영어 자막을 동시에 켜고 한 에피소드를 봤어요. 그 다음에는 한글 자막을 끄고 영어 자막만 켠 채로 같은 에피소드를 다시 봤죠. 그리고 나중에는 영어 자막도 끄고 자막 없이 그 에피소드를 또 봤어요.
놀라운 점은 이렇게 하니까 자막 없이 봤을 때도 내용의 60% 정도는 이해가 되더라고요. 그래서 저는 이 방법에 완전히 빠져들어서, 한 에피소드를 100번씩 본 적도 있어요.

참고 ◎ 이 방법은 '다중 입력 학습(multi-modal input learning)'의 한 형태로, 언어 학습에 효과적인 것으로 알려져 있다. 2012년 반더플랭크(Vanderplank)의 연구에 따르면, 자막을 활용한 비디오 시청은 듣기 이해력과 어휘 습득에 긍정적인 영향을 미친다. 특히 모국어 자막에서 목표어 자막으로, 그리고 자막 없이 시청하는 단계적 접근은 학습자의 자신감과 이해도를 점진적으로 향상시킬 수 있다.

이윤규 저도 지금 '팅커 테일러 솔저 스파이'라는 영국 영화를 한 40번째 보고 있어요. 그런데 문제는 실생활에서 쓸 말이 거의 없어요. 2차 대전 후의 첩보물이라…
저 같이 독특한 취향이 아니어도, 꼭 학생 중에 '아 선생님 저는 좀비물 좋아하는데요' 하면서 그런 걸로 듣기 공부를 하거나 하는 엉뚱한 경우도 있죠?

주지후 네, 그렇죠. 제가 보기에는 일부 친구들이 자신도 알면서 괜히 그러는 것 같아요. 예를 들어볼까요?
우리가 한창 미국 드라마로 영어 공부를 할 때였어요. 그때 꼭 액션 드라마만 고집하는 친구들이 있었거든요. 그런데 그 친구들이 맨날 배우는 영어가 뭐냐면요, 'You are under arrest(넌 체포됐다)'라든가 'Put your gun down(총을 내려놓아라)' 같은 표현들이에요.
제가 그때 생각했죠. '이런 표현, 실제로 어디다 쓸 수 있을까?' 하고요. 그래서 저는 가급적이면 의미 있는 대사가 많이 나오는 드라마를 선호했어요. 리얼리

티 프로그램이 됐든, 일반 드라마가 됐든, 영화가 됐든 상관없어요.
제 경우에는 그냥 단순한 기준을 세웠어요. 사람들 간의 대화가 많으면 많을수록 좋은 학습 자료라고 생각한 거죠. 우리의 일상생활과 비슷한 상황이면 더 좋고, 제가 관심 있는 주제를 다루고 있으면 더더욱 좋았어요.
노출도도 높아지고 그래서 자기 관심 분야에 따라서 보는 매체도 미드든 영드든 영화든 자유롭게 선택하실 수 있을 거라고 생각해요. 다만 어떤 하나의 주제, 비슷한 주제를 몰아서 보면 더 도움이 될 거에요. 변호사님이 설명해주신 '무선연습'의 원리가 적용되는 것이니까요.

참고 ◎ 이러한 접근 방식은 '흥미 기반 학습(interest-based learning)'과 '맥락화된 학습(contextualized learning)'의 원리를 반영한다. 레닝어(Renninger)와 히디(Hidi)의 연구에 따르면, 학습자의 흥미와 관련된 내용은 더 깊이 있는 학습과 장기 기억을 촉진한다. 또한, 일상생활과 관련된 맥락에서 언어를 학습하는 것은 실제 의사소통 상황에서의 언어 사용 능력 향상에 도움이 된다.

이윤규 맞아요. 그런 식으로 공부하면서 점차적으로 속도도 높이고 싱크도 맞추고 이러다 보면 듣기가 늘겠죠.
근데 보통 이런 걸 잘 생각하지 않고 그냥 '무대뽀'로 하시는 분들이 어떤 영상 같은 거 보고 무조건 섀도잉을 해본다든지, 스크립트 공부는 없이 맨날 같은 구간만 반복해서 들어본다든지 그런 식의 공부를 하는 것 같아요.
근데 이렇게 해도 스크립트 공부를 안 하면 사실 전혀 안 들려요… 음성은 어느 순간 인식되겠지만 그게 대체 어떤 단어인지를 알 수가 없는 거죠.

주지후 네, 그 경험 정말 공감됩니다. 사실 저도 가끔 원망스러운 마음이 들었어요. 예전에 미드를 볼 때 있었던 일인데요, 분명히 자막에는 한 말이 써 있는데 실제로 배우가 그 말을 하지 않는 것 같은 느낌을 받은 적이 있어요.
그래서 제가 직접 확인해보고 싶어서 원어민 친구에게 물어봤어요. 자막을 끄고 그 특정 부분만 들려줬죠. '이 사람이 뭐라고 한 것 같아?'라고 물었더니, 제

친구도 '음... 뭐라고 했지?'하면서 헷갈려 하더라고요.
나중에 제가 대학에서 전공 수업을 들으면서 알게 된 게 있어요. 우리가 언어를 들을 때 맥락과 예측으로 듣는다는 거예요. 정말 맞는 말이더라고요.
그런데 이런 점을 많은 사람들이 모르는 것 같아요. 특히 원어민들과 대화할 때요. 원어민들은 마치 0.01초 구간만 들어도 다 알아들을 거라고 생각하는 것 같아요. 하지만 실제로는 전혀 그렇지 않죠. 원어민들도 맥락 없이 짧은 음성만 들으면 이해하기 어려워해요.
이 주제에 대해서는 정말 많은 연구가 있어요. 우리가 언어를 들을 때, 글쎄요... 한 30~40% 정도는 우리가 가지고 있는 예상을 바탕으로 듣는다고 해요. 즉, 우리 뇌가 이미 알고 있는 정보와 맥락을 바탕으로 들리는 소리를 해석한다는 거죠.

참고◎ 이는 '하향식 처리(top-down processing)'와 '상향식 처리(bottom-up processing)'의 개념과 관련이 있다. 반더그리프트(Vandergrift)와 고(Goh)의 연구에 따르면, 효과적인 듣기는 이 두 가지 처리 방식의 균형 있는 사용을 필요로 한다. 맥락과 배경지식을 활용하는 하향식 처리와 실제 들리는 소리를 분석하는 상향식 처리가 동시에 이루어질 때 가장 효과적인 듣기 이해가 가능하다.

이윤규 듣기 공부는 정말로 듣기 공부만 해서는 안 된다. 그 전에 독해공부 하듯이 스크립트 공부를 해줘야 하고, 이후에 내가 아는 것과 들리는 것 사이에 싱크를 맞추거나 빈틈을 합리적인 추론, 예측으로 채우는 연습을 해줘야 한다. 이렇게 정리를 할 수 있겠네요.

듣기의 3단계 과정		
음성의 내용을 이해할 수 있다.	들리는 부분이 무엇인지 알 수 있다.	정확히 들리지 않는 부분을 추론해 낼 수 있다.
내용에 대한 이해도 필요 (읽기 공부와 유사)	발음에 대한 익숙함 필요 (Bottom-Up 방식)	문법, 맥락에 따른 추론 필요 (Top-Down 방식)

주지후 변호사님은 시험 전문가시니까, 수능이라든지 텝스, 토익 같은 어학시험에서의 듣기 공부법에 대해서도 더 얘기해 주실 수 있는 게 있을 것 같은데요?

이윤규 네 조금 추가하자면, 시험을 준비하시는 분들은 반드시 트레이닝(Training)과 프랙티스(Practice)를 나눠야 해요.

주지후 아, 아까도 잠시 얘기했었죠! 근데 구체적으로 어떻게 다른 거에요?

이윤규 스포츠 심리학에서는 서로 구별하고 있어요. 프랙티스는 비실전연습이구요, 트레이닝은 실전연습이에요. 국가대표 축구선수들이 슛, 패스 연습하는 게 프랙티스고, 미니게임이나 평가전 하는 게 트레이닝이에요.

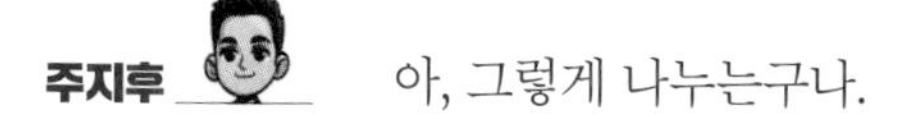

아, 그렇게 나누는구나.

이윤규 그런데 우리나라에서는 공부할 때 이걸 구별 안 하고 항상 프랙티스처럼 연습해요. 말만 '연습을 실전처럼, 실전을 연습처럼'이라고 하고 정말 실전처럼 환경조성하거나 긴장감 가지고 상황이나 조건들 컨트롤 하면서 연습하는 경우는 거의 본 적이 없어요.

그런데 듣기 점수 잘 받으려면 트레이닝이 꼭 필요해요. 지금까지 쭉 소개한 공부법은 주로 프랙티스에 대한 거에요. 그런데 시험장에서는 아는 것도 잘 안 들려요. 내 신체각성 정도가 달라져서 더 긴장하게 되는 게 보통이거든요. 다른 변수들도 많고요. 그래서 꼭 평소에도 실전처럼 연습을 해야 해요.

'연습'의 2가지 종류	
프랙티스(Practice) → 비실전 연습 → 부족한 부분을 채우는 것 → 정확도가 생명	트레이닝(Training) → 실전 연습 → 실전에서 가능하게 만드는 것 → 속도와 적응력이 생명
대부분 수험생들이 하는 시간 재지 않고 문제 푸는 연습	실전처럼 꾸며 놓거나 상상을 하는 등으로 시간을 재면서 문제 푸는 연습

참고 ◎ 이는 '전이 적합성 처리(transfer-appropriate processing)' 이론과 관련이 있다. 모리스(Morris), 브랜스포드(Bransford), 프랭크(Franks)의 연구에 따르면, 학습 조건이 실제 수행 조건과 유사할수록 학습 효과가 더 크게 나타난다. 따라서 실전과 유사한 조건에서의 연습은 실제 시험 상황에서의 수행을 향상시킬 수 있다.

주지후 구체적으로 어떻게 하는 거에요?

이윤규 TR-PR-TR이라는 방식이 있어요. 트레이닝-프랙티스-트레이닝을 한 셋트로 하는 거에요. 어느 정도 스크립트 공부 같은 게 돼서 듣기 도전해보고 싶다고 하면 일단 실전하고 똑같이 시간을 재면서 듣기 문제를 풀어봐요. 이때 한 문제씩 푸는 게 아니라, 듣기 문제 전체를 다 풀어보는 게 중요해요. 그래야 실전에서의 긴장도를 미리 체감할 수 있어요.
그리고 틀린 것들은 아까 얘기한 방식대로 스크립트부터 공부하고, 싱크 맞추고 그런 작업을 하는 거죠. 여기가 프랙티스에요. 여기까지 되면 다시 듣기를 해봐야 해요. 이것이 두 번째 트레이닝. 근데 그 날 바로 하는 것보다, 하루 자고 일어나서 해보는 게 좋아요. 해마가 자는 동안 기억을 정리해주거든요.
이런 식으로 공부하면서 익숙해지면 점차로 시간도 더 줄여서 연습하고, 음질도 조악하게도 해보고, 다른 소음도 틀어놓고도 해보고 그런 식으로 하는 거에요. 이걸 '가혹조건연습'이라고 해요. 이런 부분들까지 대비가 되어야 실전에서 본 실력을 발휘할 수 있어요.

참고 ◎ 대화 중에 언급된 'TR-PR-TR 방식'은 '과부하 훈련(overload training)' 개념과 관계가 있다. 과부하 훈련이란 운동학 및 스포츠 과학 분야에서 사용되는 개념으로, 운동 강도, 빈도, 시간, 혹은 운동량을 점진적으로 증가시켜 신체에 더 큰 부담을 주어 운동 수행 능력을 향상시키는 훈련 방법을 의미한다.

또한, '가혹조건연습'은 스포츠 심리학에서 사용되는 '압박 훈련(pressure training)' 기법의 적용례이다. 압박 상황에서의 훈련은 실제 고압력 상황에서의 수행을 향상시킬 수 있다. 이는 언어 학습, 특히 시험 상황에서의 듣기 능력 향상에도 적용될 수 있는 원리이다.

5. 말하기 공부법

FUNDAMENTALS

- 격식체와 비격식체의 말하기 공부법은 다르다. 일을 위한 말하기는 격식체의 말하기이다.
- 패턴드릴과 시간압박하에서의 반복연습 방법이 효과적이다.
- 심각한 오류가 아니라면 문법적으로 틀린 말하기여도 괜찮다고 생각하라.
- 말하기는 의사소통을 위한 도구라는 점을 명심하라.
- 초급자는 화상영어를, 중급자는 전화영어를 활용하라. 피드백을 통해 성장하라.
- 주장과 설득을 위한 말하기는 글쓰기를 통해 전형적인 구조(템플릿)부터 만들 것.
- 정보전달을 위한 말하기는 존재하는 구조를 외운 후에 핵심정보부터 보조정보로 넓혀가며 말하는 연습을 한다.
- 어느 경우나 시간제한을 두고 시간을 점차 줄여나가며 연습할 것.

이윤규 이제 말하기 한 번 볼까요?
저는 사실 한국에서 지내면서 가장 갈증을 많이 느끼는 것 중 하나가 말하기에 대한 거예요. 아마 누구나 그럴 것 같아요. 멋지게 원어민처럼 말하고 싶은 꿈 한 번씩은 갖잖아요.
말하기 자체도 참 어렵지만, 또 다른 문제가 뭐가 있냐면 포멀한(formal, 격식 있는) 말하기와 인포멀한(informal, 비격식적인) 말하기가 참 다르다는 거에요.

주지후 엄청나게 다른 언어예요. 사실은 어떻게 보면.

이윤규 특히 인포멀로 가기 시작하면 공부가 끝이 없는 것 같아요.

요즘 이것만 전문적으로 하는 유튜버 분들 되게 많잖아요. 이런 것들 보면 '그동안 영어공부를 잘못했나?' 이런 느낌이 들 때 되게 많아요.

주지후 맞아요. 인포멀한 언어에 대해서는 제가 좀 조언을 드리고 싶은 게 있습니다. 인포멀한 언어라는 것은 사실 한계가 없어요. 범위도 정해져 있지 않죠.

예를 들어, 지금 20대 한국인들이 쓰는 말을 지방별로, 지역별로 다 조사해서 데이터를 모으려고 한다면 끝이 나지 않을 겁니다. 그리고 이런 언어는 2~3년 뒤면 또 바뀌어요. 그래서 영어를 그런 식으로 공부한다는 것은 사실상 불가능한 일이에요.

제 생각에는 인포멀한 영어는 어느 정도 이해 가능한 수준까지만 알면 충분합니다. 사실 정말 중요한 건 포멀한 용어예요. 왜냐하면 정제된 영어로 제대로 표현하고 이해하지 못한다면, 인포멀한 경우는 눈치로 알아듣는 것도 많기 때문에 그것을 제대로 할 가능성은 정말 낮아요.

인포멀한 표현들은 보통 구어에 속하는데, 구어는 불규칙이 어마어마하게 많고 우리가 배웠던 규칙이 적용되지 않는 경우도 굉장히 많습니다. 언어는 완전히 소모품과 같아요. 많이 쓰면 변하고, 교체되고, 바뀝니다. 그렇기 때문에 일반 구어야말로 정말 어떻게 보면 잡히지 않는, 실체 없는 무빙 타겟이에요. 움직이는 목표라고 할 수 있죠.

반면에 글자로 정제되어 있는 언어들은 잘 안 바뀌거든요. 그래서 그 공부를 하시면서 인포멀한 것은 의사소통에 필요한 만큼만 공부하시면 됩니다. 예를 들어, 미국 20대가 쓰는 표현을 LA부터 시카고까지 다 외운다고 해도 2~3년 뒤면 그 표현들을 더 이상 쓰지 않을 수 있어요. 그래서 그건 전혀 의미 없는 학습이라고 말씀드릴 수 있습니다.

참고 ◎ 이는 언어의 변화와 다양성에 대한 사회언어학적 관점을 반영한다. 래보프(Labov)의 연구에 따르면, 언어는 사회적 맥락에 따라 지속적으로 변화하며, 특히 비공식적인 언어 사용에서 이러한 변화가 더 빠르게 일어난다. 또한, 밀로이(Milroy)의 연구는 언어 변화가 사회 네트워크를 통해 확산된다는 점을 보여주었다. 이는 특정 지역이나 연령대의 언어 사용이 빠르게 변할 수 있다는 점도 시사한다.

이윤규 그리고 또 말하기 공부에서 주효한 것 중에 하나가 '패턴 드릴'이라고 해서, 어떤 덩어리를 가지고 특정 문장구조를 기억해서 단어나 부분만 살짝살짝 바꾸는 형태의 방식도 참 효과적이라고 많이 알려져 있죠.

패턴드릴(Pattern Drill)의 예시
의문문 만들기 패턴 : **"Can you ~?"** • **Can you help me?** • **Can you Speak Spanish?** • **Can you tell me the time?**
비교급 패턴 : **"A is more ~ than B.?"** • **This book is more interesting than that one.** • **My car is more expensive than yours.** • **He is more confident than his brother.**

주지후 그 방법은 저희가 3~4학년 때 실습에서 굉장히 많이 했어요. 실제로 수업 내용 자체가 그런 방식이었죠.

학생들에게 영어로 주제를 주고 그에 대한 자신의 생각을 표현해보라고 합니다. 처음에는 시간 제한을 두지 않아요. 그러면 학생들이 더듬더듬 말하게 되죠. 그 다음에는 방금 한 내용을 시간을 재고 나서 약간 줄여서 같은 시간 안에 다시 얘기해보라고 합니다. 그러면 아까보다 조금 더 잘하게 돼요.

이런 식으로 약 30초, 20초씩 시간을 줄여나가면 나중에 5번, 6번째가 됐을 때는 사용하는 단어가 바뀌어요. 문장 구조도 조금씩은 변하는 데 전체적인 틀 같은 게 생기는 것 같아요. 거의 제법 준수하게 그 내용을 표현하게 됩니다.

이 방법은 현장에서 굉장히 많이 쓰이는 방법이고, 실제로 과학적으로도 아주 잘 증명된 방법이죠.

이 과정에 대해 뇌에서 어떤 기전으로 이런 일이 일어나는지 설명이 가능할까요?

참고 ◎ 이는 '시간 압박 하에서의 반복 연습(timed repetition practice)'이라고 한다. 이는 레벨트(Levelt)의 언어 산출 모델과 관련이 있다. 이 모델에 따르면, 언어 산출은 개념화, 형식화, 조음의 단계를 거치는데, 반복 연습을 통해 이 과정이 자동화되어 더 빠르고 유창한 언어 산출이 가능해진다. 또한, 네이션(Nation)과 뉴튼(Newton)의 연구는 이러한 반복 연습이 어휘 접근 속도를 높이고 문장 구조의 자동화를 촉진한다는 점을 보여준다.

이윤규 그럼요. 반복을 통해서 강화되는 건 단기기억이에요. 그 순간만 붙잡고 있는 그런 것이라고 설명드렸죠. 근데 자꾸 그것들을 쓰게 되고 변형된 형태들을 함께 기억하기 시작하면 일종의 규칙성을 알게 되는 때가 와요. 모듈이라고 할 수 있는 거에요. 레고블럭처럼 다양한 부분에 끼워 넣을 수 있는 형태로 만들게 되는 거죠.

주지후  그렇죠 모듈.

이윤규 이런 식으로 패턴, 규칙을 찾아서 모듈화를 시키면 장기기억화가 될 가능성이 더 높아져요. 사용이 편리해지면서 내가 기존에 가지고 있던 한국적 사고와 비교하고 그 사고를 통해 분해와 재구축이 일어나게 되거든요.

주지후  전체적인 프레임 자체가 진해지는 거네요.

이윤규 맞습니다. 정말로 기억해야 할 구조(Structure)를 머리에 남기게 되는 거에요.

참고 ◎ 이는 인지심리학의 '스키마 이론(Schema Theory)'과 연관된다. 바틀렛(Bartlett)이 제안한 이 이론에 따르면, 우리는 새로운 정보를 기존의 지식 구조(스키마)에 통합하여 이해하고 기억한다. 앤더슨(Anderson)의 연구는 이러한 스키마가 언어 학습에도 적용됨을 보여준다. 또한, 스웰러(Sweller)의 인지부하 이론(Cognitive Load Theory)은 정보를 모듈화하고 구조화하는 것이 학습 효율성을 높인다는 점을 설명한다.

주지후 강의를 많이 해보시는 분도 느낄 것 같아요. 같은 내용 한 10번 강의하면 10번째 강의할 때는 약간 졸면서도 할 수 있을 정도가 되거든요.

이윤규 맞아요. 뒤로 갈수록 훨씬 더 세련되면서 압축적으로 딱 할 수 있게 되고.

주지후 맞아요. 중간에 하는 농담도 살짝 변형하면서 이렇게 그러니까 프레임 다 기억하는 거죠.

이윤규 한편으로 저는 갑자기 궁금한 것이, 말하기를 잘하려면 문법을 정확하게 알아야 하는 건가요? 뭔가 한국사람들이 말하기를 할 때 주저하게 되는 게, 내가 하는 말이 문법적으로 정확할지에 대한 두려움 때문이라는 생각이 들거든요.

주지후 우리가 외국어로 말할 때 문법을 완벽하게 맞게 하는 건 사실상 불가능해요. 심지어 원어민들도 실제 대화에서는 종종 실수를 한다는 연구 결과가 있거든요. 생각해보면 당연한 거죠. 즉각적으로, 직관적으로 말을 해야 하는 상황에서는 원어민들도 100% 문법 규칙을 지키기 어려운 겁니다.

그래서 우리가 외국어를 배울 때 '틀려도 된다'는 생각을 기본적으로 가져야 해요. 특히 몇 가지 문법 요소는 틀려도 크게 신경 쓸 필요가 없습니다. 예를 들어, 3인칭 단수 주어에 동사 끝에 -s를 붙이는 규칙 같은 경우, 원어민이 아니면 실제 대화에서 100% 정확하게 하기 정말 어려워요.

시제를 가끔 틀리는 것도 마찬가지예요. 실제로 영어 교육 현장에서는 이런 류의 실수에 대해 지나치게 교정하지 말라고 가르칩니다. 왜냐하면 학생이 이런 걸 틀리는 건 당연한 과정이기 때문이에요. 그래서 'Just a minor mistake(극히 사소한 실수야)'라고 표현하라고 배우죠.

결국, 우리가 외국어를 배울 때 완벽한 문법을 목표로 하기보다는, 의사소통에 초점을 맞추는 게 중요합니다. 실수를 두려워하지 말고, 그저 계속 말하고 연습하는 것. 그게 언어 실력을 향상시키는 핵심이에요. 왜냐하면 이런 실수들은 정말 자연스러운 과정이거든요. 특히 원어민이 아닌 이상 이런 실수들은 불가피한 면이 있습니다.

다만, 심각한 오류와 사소한 오류를 구분할 줄 알아야 해요. 예를 들어, 문장 구조가 아예 잘못되어 비문이 되는 경우는 반드시 고쳐야 합니다. 이런 오류는 의사소통에 큰 장애가 될 수 있거든요.

하지만 사소한 문법 오류, 예를 들어 시제가 약간 틀리거나 하는 정도는 정말 괜찮아요. 이런 오류들은 과제 달성이나 의사소통에 큰 영향을 주지 않습니다. 실제로 언어 교육 현장에서는 이런 사소한 오류보다는 전체적인 의사소통 능력을 더 중요하게 봅니다. 어휘와 문법의 다양성, 그리고 전반적인 의미 전달 능력이 더 중요한 평가 기준이 되죠.

그래서 외국어로 말할 때, 문장 자체가 완전히 이해할 수 없는 비문이 되는 경우는 피해야 해요. 하지만 시제가 조금 틀리거나 하는 사소한 실수는 정말 괜찮습니다. 그런 걱정 때문에 말하기를 주저하지 마세요.

결국 중요한 건 꾸준히 말하고 연습하는 거예요. 문법에 너무 얽매이지 말고, 자신감 있게 의사소통을 하는 게 언어 실력 향상의 핵심입니다.

중대한 오류	사소한 실수
어순 등 기본적인 문장구조에서 이탈	시제, 동사형태 등
Yesterday went to the store I bananas bought.	There is two apples on the table.
(어순 상 I went to the store and bought bananas.가 맞다)	(is가 아니라 are가 되어야 함)

참고 ◎ 이는 현대 언어 교육의 '의사소통 중심 접근법(Communicative Language Teaching, CLT)'의 내용이다특히 엘리스(Ellis)의 연구는 오류 수정에 있어 선택적 접근의 필요성을 강조하며, 의사소통을 방해하지 않는 사소한 오류는 무시하고 의미 전달에 중점을 두는 것이 효과적이라는 점을 지적한다.

이윤규 말하기는 다른 무엇보다 피드백이 중요한 것 같고, 그렇죠? 소통을 위한 직접적인 도구니까.
근데 한편으로는 우리가 말을 하기 위한 방법과 그 목표는 구별해야 되는 것 같아요. 저는 어느 순간 뭘 깨달았냐면요. 제가 이제 방송도 많이 나가고 유튜브 영상도 찍는데 사람들이 저보고 어떻게 하면 말을 잘하냐고 물어보더라고요.
저는 항상 글짓기를 많이 해보라고 조언해드려요. 말하기라는 건 대부분은 머릿속에 떠오르는 단어를 말이 되게 이어 나가는 것이거든요.
그리고 이런 연습들을 하다보면, 일정한 템플릿이랄까 그런 게 생겨요. 이런 상황에서는 이런 식으로 말하면 되겠다 하는.

주지후 네, 그렇습니다. 우리가 모국어를 사용할 때 완전히 자유롭게 창작한다고 생각하지만, 실제로는 그렇지 않아요. 언어 사용에는 문화적으로 패턴화된 반복적 행위들이 존재합니다. 이는 언어의 수준 높은 유창함을 개발하고 의사소통 기술을 다듬는 데 중요한 역할을 해요.
예를 들어, 소개팅 상황을 생각해보세요. 우리가 나가서 하는 말들은 대부분 정해져 있어요. 사람 이름, 장소, 시키는 메뉴 정도만 바뀔 뿐, 하는 말은 매번 거의 똑같습니다. 이는 우리의 언어 사용이 얼마나 패턴화되어 있는지를 보여주는 좋은 예죠.

실제로 외국어를 배울 때 가장 어려운 부분 중 하나가 바로 이런 문화적 관습에 따른 템플릿화된 대화들입니다. 언어를 배우는 것은 단순히 단어와 문법을 익히는 것 이상이에요. 그 언어가 사용되는 사회의 문화에 접근하는 과정이기도 합니다. 이는 언어 중심의 의사소통, 습득으로서의 언어 학습이라는 관점과 일맥상통하죠.

교포 친구들의 경우를 보면 이해가 더 쉬울 거예요. 이 친구들이 한국적인 문화 맥락에서 대화를 해야 할 때 굉장히 어려워하는 걸 볼 수 있습니다. 왜냐하면 그런 상황에서 쓰는 말들은 한국 사람들 사이에서 이미 정해져 있기 때문이죠. 소개팅이나 상견례 같은 상황을 생각해보세요. 이럴 때 해야 하는 말들이 있고, 그 말들을 꼭 해야 합니다. 이건 단순한 한국어 능력의 문제가 아니에요. 이는 문화적 학습의 영역입니다. 실제로 많은 언어 교육 과정에서 문화에 대한 학습을 교과과정의 일부로 포함시키고 있어요. 이는 단계별 언어 사용 설정 및 다양한 인종, 문화적 배경을 가진 사람들과의 의사소통을 위해 중요합니다. 그래서 만약에 이제 영어를 구사하시면서 이 집단에서는 어떻게 해야 되는 건데 내가 이거를 너무 못하겠다 하는 것은 지극히 정상이에요. 그거는 나의 평소 영어 실력이 반영된 게 아니라 그 문화에서 사용되는 템플릿을 내가 그냥 모르는 거예요.

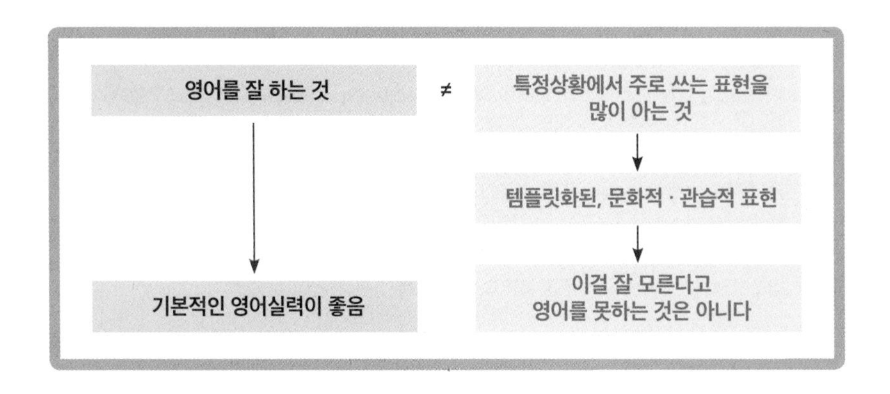

참고 ◎ 이는 언어학의 '화용론(Pragmatics)' 분야와 밀접하게 연관된다. 하임즈(Hymes)가 제안한 '의사소통 능력(Communicative Competence)' 개념은 언어 사용의 사회문화적 측면을 강조하며, 단순한 문법적 지식을 넘어서는 능력의 중요성을 지적한다. 또한, 슈만(Schumann)의 '문화 적응 모델(Acculturation Model)'은 제2언어 습득 과정에서 목표 언어 문화에 대한 이해와 적응의 중요성을 강조한다.

이윤규 피드백 얘기를 좀 더 하고 싶은데, 내가 패턴드릴 같은 걸로 공부하거나 해서 나름대로 대화에 사용할 수 있는 템플릿을 만들었다고 해도, 더 발전하려면 피드백이 있어야 하잖아요. 예전에는 이런 게 정말 어려웠어서 꿈도 꾸기 어려웠는데 요새는 정말 이런 게 범람하는 세상인 것 같아요, 조금 과장되게 말하면.

주지후 그럼요. 특히 초급자 분들은 나보다 잘 하는 사람의 피드백이 필수적입니다. 요즘은 이런 서비스나 상품이 정말 많아요. 저는 특히 초급자 분들은 화상영어를 추천드려요. 표정이라든지 상황 이런 맥락을 통해서 정말 많은 걸 빠르게 배울 수 있거든요.
그리고 중급자 이상되면 전화영어로 넘어가셔도 돼요. 마치 야구장 직관을 한참 가거나 영상으로 보다가 고수가 되면 라디오로만 들어도 생생하게 그려지는 그런 느낌인 거죠.
어쨌든 말하기에서 만큼 피드백이 중요한 건 없는 것 같아요.

참고 ◎ 이는 비고츠키(Vygotsky)의 '근접발달영역(Zone of Proximal Development, ZPD)' 이론과 연관된다. 이 이론에 따르면, 학습자는 자신보다 능력 있는 사람의 도움을 받아 현재 수준보다 더 높은 수준의 과제를 수행할 수 있다. 또한, 롱(Long)의 '상호작용 가설(Interaction Hypothesis)'은 언어 학습에서 의미 협상과 피드백의 중요성을 강조한다. 화상영어나 전화영어와 같은 방법은 이러한 이론적 배경을 실제 언어 학습에 적용한 예라고 볼 수 있다.

이윤규 지금까지 말하기 전반에 대해서 얘기를 쭉 해왔는데, 내 생각을 전달하는 방식의 말하기와 팩트를 옮기고 설명하는 방식의 말하기는 공부법이 조금 다를 것 같다는 생각도 들어요.

주지후 그렇죠. 사실 자신의 주장을 펼친다는 것은 자신의 생각을 조리 있게 늘어놓는 거예요. 그래서 이건 굉장히 많이 반복해 보면 엄청나게 늘어나게 됩니다.
왜 그럴까요? 우리의 주장이 매번 바뀔 수는 없잖아요. 어떤 주제에 대해서 우리가 하는 말은 대체로 같은 주장을 하게 되어 있어요. 그러다 보면 자연스럽게 패턴이 생기는 거죠.
이런 과정을 거치면서 우리는 금방 템플릿을 만들어내게 돼요. 이게 바로 효과적인 의사소통의 비결이에요. 처음에는 어색할 수 있지만, 계속 연습하다 보면 자연스럽게 자신만의 표현 방식을 갖추게 되는 거죠.
결국, 주장을 펼치는 능력은 연습의 산물이에요. 같은 내용을 여러 번 말하다 보면, 점점 더 명확하고 설득력 있게 표현할 수 있게 되는 겁니다. 이런 식으로 우리의 의사소통 능력이 발전해 나가는 거예요.

참고 ◎ 이는 스웨인(Swain)의 '출력 가설(Output Hypothesis)'과 관련이 있다. 이 가설에 따르면, 언어 학습자는 자신의 언어 생산(output)을 통해 자신의 언어 지식을 테스트하고 개선할 수 있다. 또한, 앤더슨(Anderson)의 '기술 습득 이론(Skill Acquisition Theory)'은 반복적인 연습을 통해 선언적 지식(declarative knowledge)이 절차적 지식(procedural knowledge)으로 전환되는 과정에 대해 설명하는데 대화 중의 템플릿 형성 과정이 바로 이 이론이 적용된 예이다.

이윤규 거기다 심지어 사람의 화법도 약간은 규칙성을 띠니까요.

주지후 그렇죠. 우리가 쓰는 말을 전부 분석해 보면 정말 그 사람만

쓰는 단어들이 있어요. 이건 굉장히 흥미로운 현상이죠.
사실 모든 사람이 그렇다고 볼 수 있어요. 그래서 어떤 언어학자들은 이런 주장을 하기도 합니다. 언어라는 것은 70억 개나 존재한다고요. 이게 무슨 뜻이냐면, 지구상의 모든 사람마다 각자 다른 언어를 사용한다는 거죠.
예를 들어볼까요? 변호사님과 제가 사용하는 한국말을 따로 떼어내서 데이터를 분석해보면, 아마도 완전히 다른 결과가 나올 거예요. 즉, '이윤규어'가 있고 '주지후어'가 있는 셈이죠. 이렇게 개개인의 언어 사용 패턴이 모두 다르다는 점은 언어의 다양성을 잘 보여주는 예라고 할 수 있습니다.
그만큼 언어는 정말 다양하고 복잡한 체계예요. 그래서 설명하는 말하기, 즉 설명적 담화 같은 경우는 사실 굉장히 객관적인 서술이 필요해요. 이런 경우에는 매우 형식적이고 체계적인 접근이 필요하죠.

참고 ◎ 이는 언어학의 '개인어(idiolect)' 개념과 관련이 있다. 이는 각 개인이 가진 고유한 언어 사용 패턴을 의미하는데, 블로치(Bloch)가 최초로 제안했다. 또한, 라보프(Labov)의 사회언어학 연구는 개인의 언어 사용이 사회적 요인에 따라 다양하게 변화한다는 점을 보여주었다.

이윤규 이런 거네요. 정형적인 틀, 구조 같은 것을 습득하는 것.

주지후 그렇죠, 바로 그 얘기입니다. 우리가 주장하는 말하기를 할 때는 말이죠, 어떤 주제를 정해놓고 그것에 대해 여러 번 반복해서 연습하면서 나만의 구조를 만들어 놓는 게 굉장히 중요합니다.
설명하는 말하기도 마찬가지예요. 사람마다 묘사하는 방식이 다르거든요. 어떤 사람은 시각적인 묘사를 주로 하고, 또 어떤 사람은 청각적인 묘사를 많이 하죠. 그래서 자기만의 스타일이 있는 겁니다.
그때 가장 많이 쓰는 동사가 있을 거고, 가장 많이 쓰는 문장 전개 방식이 있을 겁니다. 예를 들어, '이것은 마치 ~와 같습니다'라는 식의 비유를 자주 쓰는 사람도 있고, '첫째... 둘째...'하는 식으로 항목을 나열하는 사람도 있죠.

이런 템플릿을 누가 많이 만들어 놓느냐, 여기에 따라서 하기 실력이 달라질 수 있습니다. 여러분은 이 템플릿을 따라가면서 연습하시면 됩니다. 물론 처음에는 어색할 수 있지만, 점차 자신만의 스타일로 발전시켜 나가는 거죠.
결국, 효과적인 말하기란 이런 개인적인 언어 사용 패턴을 잘 활용하는 것에서 시작됩니다. 그래서 저는 항상 학생들에게 말합니다. '여러분만의 언어 템플릿을 만들어보세요. 그리고 그것을 계속 다듬어 나가세요.' 이것이 바로 말하기 실력 향상의 지름길이라고 생각합니다.

이윤규 템플릿을 만들 때 더 주의해야 할 점은 없을까요?

주지후 처음에는 일단 글로 써보는 게 중요해요. 바로 말로 하는 게 아니라, 주제를 하나 정하고 내 생각을 쭉 글로 써봐야 해요. 아예 기본적인 문법이나 말하고자 하는 중심단어도 모르는 상태에서 말이 되긴 어렵죠.
그리고 이렇게 글이 완성되면 이제 그걸 보지 않고 말하기를 해보는 거에요. 외운 걸 다시 읊는다는 느낌이 아니라, 글쓰기는 말하자면 생각정리를 한 거에요. 그걸 토대로 말하기를 해보는 거죠.
글쓰고 말하고. 이렇게 반복을 하는데, 한 가지 더 포인트가 있어요. 시간을 줄여나가면서 하는 것이에요. 처음에는 이 과정이 10분이 걸렸다면 다음은 시간을 줄여서 5분만에 해본다든지 이런 식으로 시간을 줄여 나가면서 연습을 하는 게 굉장히 효율적이에요.

참고 ◎ 이는 버레이터(Bereiter)와 스카다말리아(Scardamalia)의 '지식 변형 모델(Knowledge Transforming Model)'과 연관된다. 이 모델에 따르면, 효과적인 글쓰기는 단순히 지식을 나열하는 것이 아니라 지식을 재구성하고 변형하는 과정을 포함한다. 또한, 크라셴(Krashen)의 '모니터 가설(Monitor Hypothesis)'은 언어 학습자가 자신의 발화를 모니터링하고 수정하는 과정의 중요성을 강조하는데, 이는 대화 중에 제안된 글쓰기 후 말하기 연습 방법과 일맥상통하는 것이다.

이윤규 내 생각을 펼치는 말하기는 이런 식으로 연습을 하면 될 것 같고, 팩트를 전달하거나 설명하는 말하기는 어떻게 연습하나요?

주지후 그런 쪽은 말하는 방식이, 템플릿이 엄청나게 정형화되어 있다는 것부터 알아야 해요. 제가 예전에 영어 뉴스 기사를 한 150개 정도 외웠을 때의 경험을 말씀드리겠습니다. 그때는 정말 놀라운 변화를 겪었어요.
어떤 사안에 대해서 설명하는 게 굉장히 쉬워졌거든요. 왜 그랬을까요? 바로 정해진 구조가 있었기 때문입니다. 영어 뉴스 기사에는 딱 정해진 구조가 있어요. '언제 발생했고, 누가 그랬고, 왜 그랬고' 이런 식으로 말이죠.
이런 구조를 익히고 나니, 어떤 주제든 체계적으로 접근할 수 있게 됐어요. 사실 이 구조는 우리가 흔히 알고 있는 5W1H, 즉 육하원칙과 같은 원리입니다. 이 구조를 활용하니 정보를 체계적으로 정리하고 전달하는 능력이 크게 향상됐죠.
그래서 에세이를 쓰는 데도 도움이 되게 많이 됐습니다. 에세이도 결국은 자신의 생각을 논리적으로 전개하는 거 아니겠습니까? 뉴스 기사의 구조를 활용하니 에세이 작성이 한결 수월해졌어요.
여기서도 이런 구조 익히고 나면 말로 옮겨 보는데, 근데 자기 주장 말할 때랑은 달라요. 이런 정형적인 말하기는 파악은 쉬운데 내가 그걸 그대로 옮기기는 상대적으로 더 어려워요. 자기 주장이랑은 구조가 반대인 거죠. 자기주장은 전개하고 구성하는 게 개성적이고 천차만별인데 일단 정리되면 말하기는 어렵지 않은데, 이런 팩트형 설명형은 구조 자체는 파악이 쉬운데 그것처럼 말하기가 어려운 거에요.
그래서 마치 독해에서 소개한 방식처럼 이 부분도 작은 단위부터 출발 하는 게 좋아요. 뉴스 같은 거 들은 후에 처음에는 2~3문장 정도로 얘기를 해보는 거에요. 변호사님이 예전에 외국 선생님한테 듣기 배우셨다고 할 때 쓰신 그 방법이에요. 그게 말하기에도 도움이 되었잖아요? 이게 되면 이제 한 단락 정도로 말하기를 해봅니다. 여기부터 슬슬 보조정보 같은 것들이 붙기 시작해요. 디테일이 더해지는 거죠. 그리고 이게 되면 한 페이지 정도나 뉴스 전체를 다 말로 해보는 연습을 하는 거에요. 이렇게 반복하시다 보면 뉴스 같은 것들이 외워져요. 시간 처음에는 길게 잡았다가 점차로 줄여가면서 하는 건 자기 주장 말 할 때랑 마찬가지에요.

생각전달, 주장하는 말하기	사실을 설명하는 말하기
나만의 고유한 말하기 '템플릿' 만들기	전형적인 '템플릿'을 익혀서 응용하기

참고 ◎ 이 방법은 킨치(Kintsch)와 반 다이크(van Dijk)의 '텍스트 이해 모델(Text Comprehension Model)'과 연관된다. 이 모델에 따르면, 텍스트 이해는 미시구조(microstructure)에서 거시구조(macrostructure)로 진행된다. 이는 대화 중에 제안된 작은 단위에서 큰 단위로의 연습 방법과 동일하다.

이윤규 시간 점차로 줄여 나가는 건 '촉진불안'을 활용한 거네요. 적당한 긴장감이 수행능력을 높여 주거든요.
그리고 자기 주장 말하기 연습은 전형적인 '유추적 문제해결 방식(Analogical Problem Solving)'이네요. 기본적인 형태를 만든 후에 구성요소만 살짝 살짝 바꾸는 방식.
반면에 팩트전달하는 말하기는 일종의 추론과 재구성 방식이네요. 전형적인 구조를 이해하고 기억하고 핵심적인 키워드나 흐름만 외운 후에 그 전형적인 구조를 이용해서 말하기를 연습하는 거죠. 이 부분은 사실상 머릿속으로 작문한 다음에 그걸 읽는 것과 차이가 없겠어요.
해설은 참 쉬운데, 선생님은 이 정도까지 오기 위해서 정말 열심히 뉴스도 외우고… 노력을 많이 하셨군요.

참고 ◎ '촉진불안'은 여키스(Yerkes)와 도슨(Dodson)의 '역U자 법칙'과 관련이 있으며, 적당한 수준의 스트레스가 수행을 향상시킬 수 있다는 개념이다. 한편 '유추적 문제해결 방식'은 겐트너(Gentner)의 '구조 매핑 이론(Structure Mapping Theory)'과 연관되는데, 이는 새로운 상황을 이해하기 위해 기존 지식 구조를 활용하는 과정을 설명하는 이론이다.

주지후 그렇죠, 제가 경험한 바로는 단순히 외웠다기보다는 그 자체가 완전히 습득이 됐다고 볼 수 있어요. 영어권 사람들의 정보를 전달하는 전개 방식 자체가 그냥 제 것이 된 거죠. 패턴드릴 같은 걸 하는 이유는 완전히 몸에 익어서 바로바로 튀어나올 수 있게 만들어야 하기 때문이에요.

이윤규 뭔가 생각지 않아도 바로 바로 튀어나오는 거, 그런 걸 '절차 기억화 되었다'고 얘기를 해요, 몸이 기억해서 별 생각을 하지 않아도 자동으로 되는 것. 우리가 운전할 때 처음엔 도로 처음 나가면 덜덜 떨면서 하지만, 나중에 익숙해지면 머릿속으로 오만 딴 생각 다하거나 음악 들으면서 할 수 있잖아요. 물론 해서는 안 되지만 폰 만지거나 전화하면서 하는 분들도 있고, 음료수 마시는 사람도 있고, 잡담하면서 하는 사람도 있고.

참고 ◎ 이는 심리학에서 '절차적 기억(procedural memory)'으로 알려진 개념과 관련이 있다. 스콰이어(Squire)의 기억 시스템 분류에 따르면, 절차적 기억은 장기 기억의 한 형태로, 기술이나 절차를 자동적으로 수행할 수 있게 하는 기억이다. 이는 앤더슨(Anderson)의 '기술 습득 이론(Skill Acquisition Theory)'과도 연관이 있는데, 이 이론은 선언적 지식이 어떻게 절차적 지식으로 전환되는지에 대해서도 설명한다.

주지후 그게 아마도 우리가 에너지를 덜 최대한 덜 쓰는 한계까지 우리가 자동화를 시킨다고 하는 것 같네요.

이윤규 철학자 알프레드 노스 화이트헤드(Alfred North Whitehead)

가 이런 얘기를 했어요. '문명은 우리가 의식적으로 생각하지 않고서도 수행할 수 있는 중요한 작업의 수를 늘려 나감으로써 진보한다.' 이게 절차화가 되었다는 의미인데, 말하기도 이 정도 수준까지 되어야 뭔가 진보가 있다고 할 수 있겠네요. 참 어렵게 느껴지긴 합니다. 그래서 말하기가 마지막까지 어렵다고 느껴지는 것이겠지만요.

참고 ◎ 대화 중에 언급한 엘프리드 화이트헤드(Alfred North Whitehead)의 말은 그의 저서 "An Introduction to Mathematics" (1911)에서 나온 말이다. 이 개념은 인지심리학에서 '자동화(automaticity)'라고 불리는 현상과 관련이 있다. 슈나이더(Schneider)와 시프린(Shiffrin)의 연구에 따르면, 반복적인 연습을 통해 인지적 과정이 자동화되면 주의력 자원을 덜 사용하게 되어 다른 과제에 더 많은 주의를 기울일 수 있게 된다. 이는 언어 학습에도 적용되어, 기본적인 언어 처리가 자동화되면 더 복잡한 의사소통 과제에 집중할 수 있게 된다.

6. 쓰기 공부법

FUNDAMENTALS

- 쓰기 공부는 글쓰기(작문)가 아니라 문장 만들기(영작)를 의미한다.
- 주어와 전형적 동사는 묶어서 사고하는 습관을 들일 것.
- 더 넓혀서 전형적인 전치사까지도 묶어서 하나의 덩어리로 기억할 것.
- 비슷한 구조를 가진 동사들을 묶어서 학습하는 것이 좋다.
- 좋은 글을 필사하는 것도 매우 좋은 공부법이다.

이윤규 쓰기도 정말 어렵죠. 영어 어느 정도 한다는 사람한테도 영작해보라든지 작문해보라고 하면 말하기만큼 어려워하는 경우가 많은 것 같아요.

주지후 맞아요. 근데 쓰기 공부법에 대해서 얘기하기 전에 조금 개념 정리를 하고 넘어가고 싶은 부분이 있어요. '영작'이랑 '작문'을 구별하는 거에요.
영작이라는 것은 말 그대로 이제 뭐, 짧든 길든 문장 하나를 만들어보는 거에요. 반면에 작문은 글쓰기라고 볼 수 있죠.
이 둘의 차이는 꽤 크다고 할 수 있어요. 영작은 주로 문법적 정확성이나 어휘 선택에 초점을 맞추는 반면, 작문은 더 넓은 의미의 글쓰기 능력을 요구하거든요.

영작	작문
정확한 문장 (1~2개) 만들기	영어로 글쓰기

참고 ◎ 이러한 구분은 커밍(Cumming)의 연구에서도 언급된 것이다. 영작(sentence writing)과 작문(composition)의 차이는 제2언어 습득 이론에서 중요한 개념으로, 각각 '형식 중심 교수법'과 '의미 중심 교수법'과 연관된다.

그리고 글쓰기, 우리 한국말로 글쓰기도 얼마나 힘든데, 영어로 글쓰기는 정말 엄청난 일이에요.
영작과 말하기는 사실 많이 겹치는 부분이 있어요. 둘 다 영어로 자신의 생각을 표현하는 능력을 요구하니까요.
제가 한편으로 다시 또 강조하고 싶은 건, 영어 학습에서 템플릿의 중요성이에요. 이미 말하기 부분에서 얘기하기도 했지만, 비단 말하기에만 한정되는 게 아니고 영어는 많은 부분이 템플릿화되어 있어요. 그리고 영어에서 제일 중요한 건, 주어와 동사까지는 하나의 단위로 기억하셔야 된다는 거예요.

참고 ◎ 이러한 템플릿 기반 학습 방법은 내팅어(Nattinger)와 데카리코(DeCarrico)가 제안한 '어휘적 접근법(Lexical Approach)'의 적용례라고 할 수 있다. 이 이론에 따르면, 언어는 미리 조립된 어구 덩어리(prefabricated chunks)로 구성되어 있으며, 이를 학습하는 것이 효과적인 언어 습득 방법이라고 한다.

이건 제가 실제로 현장에서 많은 분들께 강조했던 부분인데요. 어떤 동사를 하나 쓰시게 되면, 그 앞에 주어를 다 바꿔보게 해요. 이런 식으로 연습하면 다양한 경우의 수를 습득할 수 있거든요. 이렇게 하면 실제 상황에서 어떻게 써야 할지 당황하지 않게 되는 거예요.

이윤규 머리에 생각을 따로 안 해도 자연스럽게 하나의 블록으로 연결되게끔.

주지후  그렇죠, 영어 학습에서 진보가 이루어지는 과정은 참 흥미롭

습니다. 머리가, 몸이 기억하고, 그러다 보면 손이 자연스럽게 기억하게 되는 거죠.

참고 ◎ 이러한 학습 과정은 역시 앞서 설명한 인지심리학의 '절차적 기억(procedural memory)' 개념과 관련이 있다. 앤더슨(Anderson)의 ACT 이론에 따르면, 언어 학습은 선언적 지식이 절차적 지식으로 전환되는 과정을 포함한다. 반복적인 연습을 통해 언어 사용이 자동화되는 것이다.

영어는 굉장히 동사가 지배하는 언어예요. 이 점이 정말 중요합니다. 그래서 제가 항상 강조하는 게 뭐냐면, 어떤 동사를 많이 사용하고 싶다면, 또는 그 동사를 즐겨 사용한다면, 그 동사들과 함께 주로 어떤 말이 오는지를 무조건 아셔야 해요.
영어에서는 동사가 뒤에 오는 목적어와 특정 전치사를 지배하는 경우가 많습니다. 이는 독일어와 유사한 특성으로, 영어와 독일어가 같은 게르만어족이기 때문입니다. 따라서 동사를 학습할 때는 뒤에 오는 구조까지 통째로 템플릿이나 모듈로 기억하는 것이 중요합니다.

참고 ◎ 이러한 언어 학습 방법은 '청크 학습(Chunk Learning)' 이론과 관련이 있다. 앞서도 언급했지만 엘리스(Ellis)의 연구에 따르면, 언어 학습자들이 단어나 구문을 더 큰 단위로 묶어 학습할 때 언어 습득이 더 효과적으로 이루어진다.

이윤규 예를 들어, 'I'm looking forward to meeting you. 널 만나길 고대하고 있어'라고 하지 'I'm looking forward to meet you.'라고 하지 않죠. 여기서는 뒤의 ing까지가 하나의 덩어리, 템플릿인 셈이죠.

주지후 맞습니다. 언어 사용에 있어 논리적 분석이 어려운 경우가 많아요. 때로는 '그렇게 쓰니까' 쓰는 경우가 많습니다.

참고 ◎ 이는 언어학에서의 '관용구(idiom)' 개념과 연관된다. 싱클레어(Sinclair)의 '관용구 원리(Idiom Principle)'에 따르면, 언어 사용자들은 미리 조립된 구문 단위를 사용하는 경향이 있어, 문법 규칙보다는 관용적 표현에 더 의존하게 된다.

이윤규 그렇다면 활용할 수 있는 모듈을 많이 만들어 놓는 게 영어 쓰기에 중요하겠네요.

주지후 네, 그렇습니다. 예를 들어, 'accuse'라는 단어를 떠올리면 자동으로 'of'가 함께 떠오르는 식으로 단어와 사용 패턴을 하나의 모듈로 익혀야 합니다.

같은 구조로 된 단어의 사용패턴 예시

1. **Accuse of (~대해 비난하다, 고소하다)**
   - ㉠ They **Accused him of** stealing money.
2. **Remind of (~을 상기시키다)**
   - ㉠ This song **reminds me of** my childhood.
3. **Inform of (~을 알리다)**
   - ㉠ Please **Inform me of** any changes.
4. **Convince of (~을 확신시키다)**
   - ㉠ She **Convince me of** her innocence.
5. **Warn of (~을 경고하다)**
   - ㉠ The weather forecast **warned us of** heavy rain.
6. **Deprive of (~을 빼앗다)**
   - ㉠ The harsh rules **deprived the workers of** their rights.
7. **Assure of (~을 보장하다, 장담하다)**
   - ㉠ He **assured us of** his support.
8. **Rob of (~을 강탈하다)**
   - ㉠ The thief **robbed him of** his wallet.
9. **Relieve of (~에서 해방시키다, 덜어주다)**
   - ㉠ The medicine **relieved her of** the pain.

이윤규 한편으로 이런 생각도 들어요. 영작을 하거나 모듈화 시킬 때 하나의 동사만 계속 쓸 수는 없잖아요. 동의어나 유의어 같은 것들도 많이 알아 두면 좋겠네요.

주지후 그렇죠. 그 동사와 같이 같은 뜻으로 쓰이는 동사들, 즉 유의어들을 최대한 많이 아는 것이 굉장히 큰 도움이 될 거예요. 특히 제가 자주 쓰는 표현이라면 더욱 그렇죠. 왜냐하면 그건 제 언어적 무기가 많아지는 거잖아요. 다양한 표현을 구사할 수 있다는 건 영어 실력의 깊이를 보여주는 중요한 지표라고 봐요.
그리고 제가 주목하는 또 다른 점은, 그 동사랑 같은 구조로 매번 쓰이는 동사들이 있다는 거예요. 예를 들어, 'remind somebody of something'이나 'accuse somebody of something' 같은 표현들 있잖아요. 이런 패턴을 가진 동사들이 정말 많아요.
제가 영어 학습자들에게 추천하고 싶은 방법은 이런 비슷한 구조를 가진 동사들을 함께 묶어서 학습하는 거예요.

이윤규 그런 것들을 제가 공부할 때는 영영사전 같은 거 보고 찾았었는데...

주지후 맞아요. 저도 영어 공부할 때 영영사전이나 영한사전을 뒤적거리며 단어의 용법을 일일이 찾아봐야 했어요. 그 단어를 어떻게 쓰는지, 어떤 어법을 따르는지 말이죠. 정말 시간이 많이 걸리는 작업이었죠.
하지만 지금은 상황이 많이 달라졌어요. AI 기술이 발전하면서 언어 학습에도 큰 변화가 생긴 거죠. 이제는 AI에게 '이 단어와 같은 구조를 가진 동사들을 알려줘'라고 요청하면 바로 답변이 나와요. 정말 놀라운 변화 아닌가요?
이런 AI 기술 덕분에 우리는 더 효율적으로 영어를 공부할 수 있게 됐어요.

예를 들어, 'accuse somebody of something'이라는 구조를 가진 동사를 알고 싶다면, AI에게 물어보면 되는 거죠. 그러면 'remind of', 'inform of', 'convince of' 같은 비슷한 구조의 동사들을 한 번에 학습할 수 있게 되는 겁니다.
이런 방식으로 공부하면 단순히 단어 하나하나를 외우는 것보다 훨씬 효과적이에요. 문장 구조와 함께 여러 동사를 동시에 익힐 수 있으니까요. 제가 보기에 이건 정말 혁명적인 변화예요. AI가 우리의 언어 학습을 완전히 바꿔놓고 있는 거죠.

이윤규  요즘에는 훨씬 편해졌네요.

주지후 그렇죠 지금은 사실 혁명이라고 할 수가 있어요. 특히 언어 능력 자체는 제가 봤을 때는 인공지능은 사람을 제가 봤을 때는 초월했다고 봐요.

이윤규 한편으로는 내가 가지고 있는 기억을 인출하는 게 기억을 강화시켜준다, 습득에 도움이 된다는 관점에서는 쓰기를 직접 해보는 거, 그리고 글쓰기를 위한 모듈을 습득하거나 아예 필사를 해보는 것도 굉장히 도움이 많이 되는 것 같아요.

주지후 제가 보기에 필사는 정말 특별한 학습 방법이에요. 다른 측면에서 엄청난 도움이 된다고 생각합니다.
김영하 작가님 말씀이 기억나는데요, 아마 이렇게 말씀하셨던 것 같아요. '필사는 극단적인 느리게 읽기다.' 정확히 이 표현을 쓰셨죠.
이게 무슨 뜻이냐면, 우리가 필사를 할 때는 그저 글자를 베끼는 게 아니라는 거예요. 문장의 구조를 하나하나 인식하면서 써내려가는 거죠. 이 과정을 통해 우리는 작가의 문체나 표현 방식을 자연스럽게 체화하게 되는 겁니다.

제가 생각하기에 이런 방식의 학습은 정말 효과적이에요. 단순히 읽는 것보다 훨씬 깊이 있게 텍스트를 이해할 수 있거든요. 그래서 저는 필사를 영어 학습에 있어서도 굉장히 좋은 방법 중 하나라고 봅니다.

이윤규 쓰기 공부에서는 일단 우리가 작문을 하면서 무슨 문학작품을 쓰는 게 아니라 영작을 한다는 걸 명확히 인식하는 거, 동사를 문장을 쓰면서 결정하는 습관에서 벗어나서 아예 영작을 위한 문장구조를 외워둬야 한다는 거, 유의어를 풍부하게 아는 것이 바람직하다는 거, 이 정도가 핵심적인 내용이라고 할 수가 있겠네요.

주지후 네, 맞아요. 아! 제가 이 내용을 빠뜨릴뻔했네요. 이왕 쓰기에 대해 다루는 김에 우리가 '영작'이라 일컬었던 '문장 만들기'가 아닌 '작문' 즉, '글쓰기'에 대해서도 몇 가지 언급하고 넘어가야겠어요.
사실 영어는 정말 두괄식이에요. 이건 문장 수준에서도 그렇지만 전체 글의 수준에서도 동일해요. 무조건 결론이 먼저 나와요. 문장에서 주어, 동사가 먼저 나와서 결론을 내린 뒤, 뒤에 정보가 붙는 방식이 그대로 영어로 쓴 글들을 읽어보면 전체 흐름에서 보여요.

참고 ◎ 이러한 영어의 두괄식 구조는 로버트 카플란(Robert Kaplan)의 '수사학적 구조 이론(Contrastive Rhetoric)'에서 자세히 다루어진다. 카플란은 다양한 문화권의 글쓰기 패턴을 분석하여, 영어권 글쓰기가 주로 선형적이고 직접적인 구조를 가진다는 점을 밝혔다.

한국 사람들은 보통 이렇게 얘기하죠. "지금까지 취합한 데이터를 종합해보아…" 하면서 쭉 얘기를 하다가 마지막에 이러이러한 결론에 이르렀다고 해요. 그런데 영어는 완전히 반대예요. '결론은 이것이다'로 글이 시작해요. 그리고 그 뒤에는 그 결론을 뒷받침하는 근거가 계속 붙어요. 예를 들면 이런 거에요.

참고 ◎ 이는 존 힌즈(John Hinds)의 '독자 책임 vs. 필자 책임' 이론과 연관된다. 힌즈는 한국어를 포함한 동아시아 언어들이 '독자 책임' 언어인 반면, 영어는 '필자 책임' 언어라고 주장했다. 즉, 영어에서는 필자가 명확하게 의미를 전달할 책임이 있어 두괄식 구조를 선호하게 된다는 것이다.

한국어로 말하면 이런 글이

"이번 분기 동안 우리는 마케팅 전략을 개선하고 고객 서비스를 향상시켰으며 혁신적인 제품 개발에 힘썼습니다. 그 결과 두 개의 신제품을 성공적으로 출시했고, 고객 만족도는 95%까지 상승했습니다. 이러한 노력들이 모여 결국 매출이 15% 증가하는 놀라운 성과를 거두게 되었습니다." 이런 식으로 결론이 뒤로 오는 '미괄식'으로 쓰게 되는데,

영어는 반대로 결론이 앞에 나오는 '두괄식'이에요.

"Our team achieved remarkable success this quarter. Sales increased by 15%, customer satisfaction reached 95%, and we launched two new products. These results stem from improved marketing strategies, enhanced customer service, and innovative product development."
(우리 팀은 이번 분기에 놀라운 성과를 거두었습니다. 매출이 15% 증가했고, 고객 만족도는 95%에 도달했으며, 두 개의 신제품을 출시했습니다. 이러한 결과는 개선된 마케팅 전략, 향상된 고객 서비스, 그리고 혁신적인 제품 개발에서 비롯되었습니다.)

참고 ◎ 이러한 구조적 차이는 울라 코너(Ulla Connor)의 '대조수사학(Contrastive Rhetoric)' 연구에서도 확인된다. 울프는 다양한 언어와 문화권의 글쓰기 패턴을 비교 분석하여, 각 언어의 독특한 수사학적 특징을 밝혀냈다.

그래서 장기적으로 문장 단위 영작이 아니라 글을 쓰는 '작문'을 생각한다면, 이런 두괄식 구조를 연습하는 게 크게 도움이 돼요. 이는 말하기 실력에도 당

연히 영향을 미치죠.

여기서 조금 아이러니한 말씀을 드려야 하는데요, 토플 시험 있지 않습니까? 이게 미국 대학 1학년 교양수업을 들을 수 있는지 판단하려고 만든 거거든요. 그래서 특히 '쓰기(Writing)' 섹션은 '전형적인 영어식 글쓰기'를 할 수 있는지 없는지 판단하기 위해서 딱 두괄식 구조로 쓴 글에만 높은 점수를 줘요. 즉, 토플 '쓰기(Writing)' 교재들이 영어로 글쓰기를 처음 시작하는 사람들한테는 아주 최적화된 뜻밖의 학습자료일 수 있다는 거죠. 이건 '말하기(Speaking)'도 마찬가지예요.

시험 영어도 그 시험의 성격과 시행 목적을 제대로 알면 일반적 영어실력 향상에 얼마든지 적용할 수 있어요. 이런 이해를 바탕으로 영어 글쓰기와 말하기를 연습하면, 훨씬 더 효과적으로 영어 실력을 키울 수 있을 거예요.

영어혁명 시리즈 **1**

영어공부 혁명

ENGLISH STUDY **REVOLUTION**

세계적인 학자들의

영어공부법을 파헤쳐 보다

1. 정말 60일 만에 원어민만큼 할 수 있을까?

2. 언어습득능력은 타고나는 것인가?

3. 외국어를 배울 수 있는 최적의 시기는 언제인가?

4. 외국어 습득은 기존 지식과의 결합이다

5. 영어는 단어싸움이다

6. 덩어리를 잘 만드는 사람이 영어를 잘 한다

7. 단순암기로는 안 된다. 경험의 세계를 넓혀야 한다

8. 영어공부의 "유일한 왕도"

9. 영어공부에 감정까지 활용해야 하는 이유

10. 가장 좋은 영어공부법은 바로 '사용'

11. 상호작용을 통해 영어공부가 완성된다

12. 의사소통이 영어공부의 키

13. 실제로 어떻게 사용되는가를 아는 것이 영어공부

14. 추상적인 것과 구체적인 것을 조합할 것

15. 영어공부, 복잡성과 복합성의 사이에서

16. 그런데 대체 영어공부 무엇 때문에 하는 거에요?…

17. 목적과 의미가 공부를 결정한다

1. 정말 60일 만에 원어민만큼 할 수 있을까?

이윤규 영어 공부에 대한 최근의 경향 중 하나로는 이런 게 있는 것 같아요.

'영어를 며칠만 하면 원어민처럼 할 수 있다'는 것이에요.

선생님께서는 외국유학도 하시고 영어공부도 힘들고 치열하게 하신 걸로 알고 있거든요.

어떻게 생각하세요?

주지후 단기간에 언어를 습득할 수 있다는 광고들을 많이 보셨을 거예요. 하지만 이런 주장들은 현실과 동떨어져 있습니다. 만약 그런 방법이 정말로 존재했다면, 전 세계의 언어 장벽은 이미 사라졌을 것입니다. 현재까지도 언어의 장벽이 존재한다는 사실 자체가 이런 주장들의 한계를 보여주고 있죠. 이런 광고를 하는 사람들도 사실 그것이 불가능하다는 걸 알고 있어요. 하지만 사람들의 관심을 끌기 위해 그런 광고를 하는 거죠. 이는 다이어트 광고와 매우 유사합니다. '일주일 만에 10kg 감량'이라고 해야 사람들이 관심을 가지지, '1년에 10kg 감량'이라고 하면 누가 관심을 갖겠어요?

단기 언어 습득법은 과학적으로도, 언어학적으로도 일반적으로 불가능합니다. 언어 학습은 단순히 단어와 문법을 익히는 것 이상의 복잡한 과정이에요. 지금까지 그렇게 단기간에 언어를 완벽히 습득한 일반인은 없었습니다.

다만, 매우 드문 예외가 있기는 해요. 서번트 증후군이라고, 자폐 스펙트럼의 일종인데요. '서번트'는 프랑스어로 '학자'라는 뜻입니다. 이 증후군이 있는 사람들 중 일부는 특정 분야, 특히 언어 쪽에서 놀라운 능력을 보이는 경우가 있어요. 이는 일종의 신경학적 특성이라고 볼 수 있죠. 하지만 이런 경우는 극히 드문 예외적 사례입니다.

우리 대부분에게 언어 습득은 긴 여정입니다. 언어 습득 시간은 기본적으로 우리의 모국어와 배우려는 언어가 얼마나 유사한지, 개인의 학습 능력, 학습 환경 등 다양한 요인에 따라 크게 달라집니다. 가장 빨라야 6개월 정도 걸리고, 언어에 따라서는 2~3년까지도 걸릴 수 있어요.

이윤규 '하루에 최소 몇 시간 정도는 영어공부를 해야 한다.' 이런 가이드라인이 있을까요?

주지후 언어 습득에 관해 가장 신뢰할 만한 가이드라인 중 하나가 있어요. 아까 말씀드렸던 FSI(미국 국립 외교연수기관)에서 제공하는 자료입니다. FSI는 오랜 역사를 가진 기관으로, 외교관들을 양성해 왔기 때문에 언어 학습에 관한 방대한 데이터를 보유하고 있어요.
FSI의 데이터는 주로 영어를 모국어로 하는 미국인들을 기준으로 해요. 이들이 다양한 언어를 습득하는 데 걸리는 평균 시간을 체계적으로 기록해 왔죠. FSI는 매우 엄격하고 집중적인 언어 교육 프로그램을 운영하는 것으로 유명합니다.
수십 년간의 데이터를 분석한 결과, FSI는 언어를 난이도에 따라 카테고리 '1군에서 4군까지'로 분류했어요. 카테고리 1에 속하는 프랑스어나 스페인어 같은 비교적 가까운 언어를 마스터하는 데에도 24-30주(600-750시간)가 걸린다고 해요. 이는 전문적이고 집중적인 학습 환경에서의 결과입니다.
카테고리 4에 속하는 언어들이 영어 모국어 화자들에게 가장 습득하기 어려운 언어들이에요. 이 카테고리에는 한국어를 비롯해 중국어, 일본어, 아랍어 등이 포함되어 있습니다.
이들 언어는 영어와 어족이 완전히 다르고 문법 구조나 문화적 배경 등이 크게 달라 습득에 더 많은 시간과 노력이 필요해요. FSI의 데이터에 따르면, 이러한 카테고리 4 언어들은 88주(2,200시간) 이상의 학습이 필요한 것으로 나타났습니다.

카테고리	평균 학습 시간	특징	언어 예시
1군 (카테고리 Ⅰ)	약 24~30주 (약 600~750시간)	영어와 문법, 어휘, 발음이 유사하며 학습 난이도가 낮음.	스페인어, 프랑스어, 이탈리아어, 포르투갈어, 네덜란드어, 스웨덴어
2군 (카테고리 Ⅱ)	약 36주 (약 900시간)	영어와 비슷하지만 문법/발음에서 약간의 차이가 있음.	독일어
3군 (카테고리 Ⅲ)	약 44주 (약 1,100시간)	영어와 문법, 어휘, 발음 등이 상당히 다름. 중간 정도 난이도.	러시아어, 힌디어, 베트남어, 태국
4군 (카테고리 Ⅳ)	약 88주 (약 2,200시간)	영어와 매우 다른 문법 구조, 어휘, 발음 체계로 인해 학습 난이도가 높음.	한국어, 일본어, 중국어(만다린), 아랍어

주목할 점은 이 데이터가 매우 집중적이고 전문적인 학습 환경에서 나온 결과라는 거예요. 일반적인 학습 환경에서는 이보다 더 많은 시간이 소요될 수 있습니다.

역으로 생각해보면, 한국어, 중국어, 일본어, 아랍어 모국어 화자들에게 가장 배우기 어려운 언어는 무엇일까요? 거꾸로 대척점에 있으니까… 맞습니다! 바로 영어죠! 그런데 그게 단기간에 될 리가 있나요?

이런 공신력 있는 데이터를 알고 나면, 많은 분들이 '3개월 만에 영어 마스터' 같은 광고들을 더 이상 믿지 않게 될 거예요. 실제로 언어 습득에 필요한 시간과 노력을 이해하게 되면, 이런 과장된 광고들은 이제 눈에 들어오지 않을 것 같습니다.

다른 과학적인 근거도 있나요?

요즘 언어 습득에 대한 우리의 이해가 더 깊어지고 있어요. 인지과학과 언어학의 발전 덕분이죠. 특히 인지과학 분야의 연구 결과들이 언어 학습이 얼마

나 복잡한 과정인지 잘 설명해주고 있습니다.
인지과학에서 재미있는 발견이 있었어요. 우리가 이미 알고 있는 지식 구조와 가까운 정보일수록 습득이 빠르다는 거죠. 이걸 '스키마(schema)' 이론이라고 해요. 쉽게 말해서, 우리 뇌가 새로운 정보를 기존에 알고 있는 것과 연결시켜 더 효율적으로 학습한다는 거예요. 이 원리가 언어 학습에서도 매우 중요하답니다.
이런 관점에서 보면, 한국어와 영어의 구조적 차이가 얼마나 큰 학습 장벽인지 알 수 있어요. 두 언어는 언어학적으로 정말 다른 계통에 속하거든요. 문법 구조나 어순 등에서 큰 차이를 보이죠. 예를 들어볼까요? 한국어는 SOV(주어-목적어-동사) 구조인데, 영어는 SVO(주어-동사-목적어) 구조예요. 두 언어의 구조가 서로 반대라고 볼 수 있죠.

한국어의 기본 구조	영어의 기본 구조
SOV(주어 - 목적어 - 동사)	SVO(주어 - 동사 - 목적어)

이런 근본적인 차이 때문에 단순히 단어를 외우는 것 이상의 문제가 생겨요. 우리 뇌가 완전히 새로운 언어 구조를 받아들이고 그에 익숙해지려면 상당한 시간과 노력이 필요해요. 신경언어학적 연구에 따르면, 이 과정은 단순히 지식을 쌓는 게 아니라 뇌의 언어 처리 메커니즘을 새로 구성하는 복잡한 과정이라고 해요.
이런 인지과학적 관점은 아까 얘기한 FSI의 데이터와도 일맥상통해요. FSI는 언어를 난이도에 따라 카테고리 1부터 5까지 분류했는데요, 영어와 구조적으로 비슷한 언어들, 예를 들면 프랑스어나 스페인어 같은 언어들은 카테고리 1에 속하고 학습 시간이 상대적으로 짧아요. 반면에 한국어나 일본어 같은 구조적으로 매우 다른 언어들은 카테고리 5에 속하고 학습 시간이 훨씬 더 길답니다.

이윤규 맞아요. 예를 들어 '직구' 같은 것을 생각해보신 분들은 바로 알 수 있죠.
한국에서는 102동 401호라고 하는 것을, 영어로는 Room No. 401 먼저 쓰고 그 다음에 102를 쓰는 식으로 말을 쓰는 구조가 다르죠.

주지후 

맞아요. 언어의 구조적 차이는 정말 흥미로워요. 단순히 문법이나 단어의 차이를 넘어서 사고방식의 근본적인 차이를 보여주거든요. 재미있는 예를 들어볼까요? 주소 체계를 보면 이런 차이가 아주 명확히 드러나요.
한국에서는 '대한민국 서울특별시…'처럼 큰 단위에서 작은 단위로 주소를 표현하죠. 반면에 영어권 국가들은 그 반대예요. 이런 차이가 단순해 보이지만, 사실 정보를 조직하고 처리하는 방식의 차이를 보여주는 거예요. 이런 점들이 언어 학습을 더 복잡하게 만들어요.
언어를 사용할 때 가장 중요한 게 뭘까요? 바로 언어 처리 속도예요. 효과적으로 대화하려면 몇 초 안에 문장을 만들고 말해야 하거든요. 모국어로 말할 때는 이게 거의 무의식적으로 이뤄지죠. 하지만 제2언어를 배우는 사람들에게는 이게 정말 큰 도전이에요. 특히 한국어와 영어처럼 문장 구조가 완전히 다른 언어 사이에서는 이런 어려움이 더 크게 느껴져요.
영어는 SVO(주어-동사-목적어) 구조를 가지고 있어요. 반면에 한국어는 SOV(주어-목적어-동사) 구조죠. 완전히 반대예요. 이 때문에 한국어를 쓰는 사람이 영어로 문장을 만들 때 머리가 많이 복잡해져요. 우리가 뭘 말할지 생각하고, 그 다음 단어, 또 그 다음 단어를 순서대로 고민하는 동안, 벌써 영어 문장을 만들 시간이 부족해지는 거죠. 특히 실시간으로 대화할 때 이게 정말 큰 어려움이 돼요.
이런 점에서 보면, 한국어를 쓰는 사람이 영어를 배우는 과정은 정말 도전적인 과제라고 할 수 있어요. 단순히 새로운 단어나 문법 규칙을 외우는 것 이상의 과정이에요. 오히려 사고 과정을 근본적으로 바꾸고, 언어를 처리하는 속도를 획기적으로 높여야 하는 거죠. 그래서 영어 학습이 쉽지 않은 거예요.

이윤규 맞아요. 사회과학의 관점에서 봤을 때, 특히 교육심리학에서는 내가 새로운 정보를 받아들여서 그것을 내 새로운 지식으로 만드는데 21일 정도가 걸린다고 하거든요. 내 뇌의 운영체계(Operating System)을 업데이트 하는데 걸리는 시간이 3주 정도라는 거죠.

그리고 생각과 행동은 또 구별되잖아요? 운전면허 처음에 따고 도로에 나가면 정말 많은 것들 신경 쓰고 운전에만 모든 걸 집중하게 되지만, 점차 익숙해지면 크게 의식하지 않고 편하게 운전할 수 있게 되는데, 이런 것을 흔히 하는 말로는 '체화되었다'고 하죠. 이걸 인지심리학에서는 '절차화(Proceduralization)'라고 합니다. 일을 수행하는데 필요한 방법이나 절차에 지식이 처음에는 단기기억을 통해 들어와요. 그게 점차로 장기기억, 그 중에서도 크게 의식하지 않고 바로바로 튀어나와서 행동화 되는 것을 '절차기억'이라고 하는데, 그런 형태로 바뀐다는 의미에요. 쉽게 말하면 '몸이 기억한다'고 할 수 있어요. 어릴 때 먹고 자고 싸고 하는 것들 자연스럽게 익히잖아요? 이런 게 절차기억에 해당하는 것인데, 이렇게 되는 데는 최소 66일 정도가 걸린다고 합니다.

그런데 이렇게 보면 지금껏 내가 접하지 않았거나 빈도가 낮았던 영어를, 심지어 우리 언어랑은 완전히 대척에 있는 정반대의 시스템을 갖고 있는 정보체계를 예를 들어 100일만에 마스터했다, 원어민처럼 할 수 있다 그런 것은 그분이 정말 천재이거나 넌센스가 아닐까 그런 생각이 들죠.

주지후

언어 습득에 대해 재미있는 현상이 있어요. 특별한 재능을 가진 사람들 중에는 '나한테 쉬웠으니까 다른 사람들한테도 쉬울 거야'라고 생각하는 경우가 있거든요. 이런 말이 악의 없이 나올 수 있지만, 이게 사실인 것처럼 퍼지면 문제가 될 수 있어요.

한국은 상대적으로 단일 언어 환경이에요. 그래서 많은 한국인들이 언어 습득이 얼마나 복잡한 과정인지 잘 모를 수 있죠. 하지만 세계적으로 보면 다언어 사용이 꽤 흔해요. 유네스코 보고를 보면 전 세계 인구의 약 43%가 2개 이상의 언어를 구사할 수 있대요. 특히 유럽, 아프리카, 아시아 일부 지역에서는 여러 언어를 쓰는 게 일상적이에요.

언어 학습의 난이도는 언어 간의 유사성에 크게 영향을 받아요. 예를 들어볼까요? 유럽의 많은 언어들은 인도-유럽어족에 속해 있어서 구조나 단어가 비슷한 점이 많아요. 그래서 독일어를 쓰는 사람이 영어를 배우는 게 한국어를 쓰는 사람보다 상대적으로 쉬울 수 있어요.

한국어와 일본어도 비슷한 경우예요. 두 언어는 문법 구조, 어순, 조사 체계, 존댓말 시스템 등에서 많이 닮았어요. 그래서 한국어를 쓰는 사람이 일본어를 배울 때 상대적으로 수월할 수 있죠. 언어학에서는 이런 현상을 '언어 전이' 또는 '언어간 영향'이라고 불러요.

언어전이가 일어나기 쉬운 언어들		
언어 쌍	공통점	특징 및 예시
영어 ↔ 독일어	게르만어족, 어휘 및 문법 유사	"house ↔ Haus", "water ↔ Wasser"
한국어 ↔ 일본어	SOV 어순, 조사 사용, 유사한 어휘	"나는 밥을 먹었다 ↔ 私はご飯を食べた"
스페인어 ↔ 이탈리아어	로망스어족, 어휘와 문법 유사	"casa(집) ↔ casa", "amigo(친구) ↔ amigo"
중국어 ↔ 베트남어	성조 언어, 한자어 공유	"学习(học tập; 학습), "国家(quốc gia; 국가)"
덴마크어 ↔ 노르웨이어 ↔ 스웨덴어	북게르만어군, 문법과 어휘 매우 유사	"hej(안녕) ↔ hej ↔ hej"
러시아어 ↔ 우크라이나어	슬라브어군, 키릴 문자와 어휘 유사	"мир(평화) ↔ мир"
포르투갈어 ↔ 스페인어	로망스어족, 어휘와 문법 비슷	"amor(사랑) ↔ amor", "comer(먹다) ↔ comer"
네덜란드어 ↔ 아프리칸스어	아프리칸스어는 네덜란드어에서 파생, 어휘와 문법 거의 동일	"EK is moeg(나는 피곤하다) ↔ Ik ben moe"
터키어 ↔ 우즈베크어 ↔ 카자흐어	알타이어족, 조사와 문법 체계 비슷	"ev(집) ↔ uy ↔ üy"
프랑스어 ↔ 이탈리아어 ↔ 스페인어	라틴어에서 파생, 어휘와 문법 유사	"libro(책) ↔ livre ↔ libro"

실제로 많은 한국인들이 일본 애니메이션을 보면서 일본어를 비교적 쉽게 배우는 경우가 있어요. 이건 일본어 자체가 쉬워서가 아니라, 한국어와 비슷한 구조를 가지고 있기 때문이에요. 우리의 언어적 '운영체제'가 한국어니까 비슷한 구조를 가진 일본어를 더 쉽게 받아들일 수 있는 거죠.

반대로, 구조가 크게 다른 언어를 배울 때는 어려움을 겪을 수 있어요. 이걸 '부정적 전이'라고 해요. 한국인에게 영어 학습이 특히 어려운 이유도 여기에 있어요. 영어는 한국어와 문법 구조, 어순 등이 많이 달라서 한국어를 쓰는 사람에게는 머리가 많이 복잡해질 수 있거든요.

이윤규 특히나 한국인의 경우에는 영어를 배우고 자연스럽게 되는 기간이 오래 걸릴 수밖에 없다.
정말 빡빡하게 공부를 해도 최소 2~3년은 걸리지 않을까, 저는 그런 생각이 들어요.
하루에 1~2시간씩 공부를 한다고 하면요.

주지후  하루 1~2시간 정도는 꾸준히 공부를 해야 하죠.

이윤규 맞아요. 꾸준하게 했을 때 그렇죠.
언어적이라고 생각하기 보다는, 내 뇌에 새로운 정보를 집어넣어서 그걸 상대적으로 자유롭게 쓸 수 있는 정도로 만들려면 거의 일처럼 해야 하는 것 같아요. 치열하게 목숨 걸고.

주지후 맞습니다. 공부는 일이어야 돼요. 사실 공부를 재미로 하는 거는 제 생각에는…

이윤규 공부를 재미로 한다는 것은 학습기술, 특히 기억법적으로도 말이 안 되는 게, 단기기억을 장기기억으로 바꾸어 주는 것이 해마거든요? 그런데 해마는 기본적으로 '생존에 관한 것'만을 장기기억으로 바꾸어줘요. 쉽게 말하면 '생존과 관련 없으면 기억하기 어렵다'고 이해해도 좋아요.
그리고 무언가를 즐겁게 한다는 것도 실은 두 가지 의미가 있어요. 과정상에서 즐겁게 또는 조금 덜 치열하게 한다는 것도 있고, 과정에서 정말 목숨 걸고 올인하지만 그 결과가 주는 것을 생각하니 즐거워지는 경우도 있거든요.
근데 앞의 경우에는 무언가를 한 게 기억화가 될 확률이 조금 떨어져요. 기억을 할 때는 정말 강하게 집중하고 반복을 해서 뇌가 '앗 이거 기억 못하면 위험하구나' 정도의 착각을 하게 해줘야 해요. 그러려면 공부는 일처럼, 정말 빡

빡하게 해야 하는 거죠.

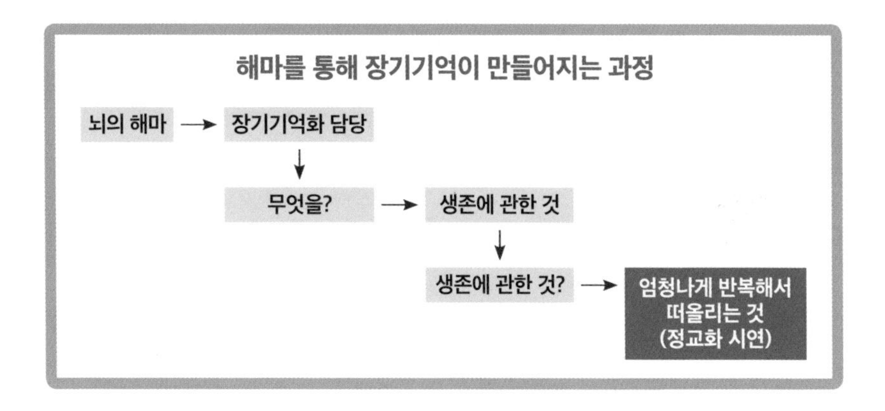
해마를 통해 장기기억이 만들어지는 과정
뇌의 해마
장기기억화 담당
무엇을?
생존에 관한 것
생존에 관한 것?
엄청나게 반복해서 떠올리는 것 (정교화 시연)

2. 언어습득능력은 타고나는 것인가?

노암 촘스키
'인간에게는 언어를 습득할 수 있는 장치가 탑재되어 있다'

이윤규 이제 세계적인 언어 학자들의 영어공부법에 대해서 정리하고 검토를 한번 해보려고 하는데요.

노암 촘스키에 대해서 먼저 얘기를 해보면 어떨까 싶어요.

촘스키는 사람이 전에 들어보지 못했던 문장들을 만들어 내고 구사하는 부분에 초점을 맞췄죠. 인간의 창조성이라고 할까요. 촘스키 이론은 '생성문법(Generative Grammar)'이라고 하죠. 이런 이론은 특히 1957년에 나온 '통사구조론'에서 시작되었는데, 두 가지 요소를 합쳐서 새로운 요소를 만들어 낸다는 게 핵심인 것 같아요. 촘스키가 말하는 언어의 범위는 우리가 생각하는 언어와는 조금 다르지만, 어쨌든 이런 언어를 만들어 내는 능력은 인간만이 가지고 있다고 얘기를 하죠. 모든 인간들이 선천적으로 가지고 있고 공통적으로 가지고 있는 '보편적 문법(Universal Grammar)'이 있다는.

그리고 저 같은 경우는 영어를 분절해서 덩어리로 배웠어요. 말하자면 모듈을 배웠다고 해야 하나. 하나 하나 잘게 쪼게서 공부하는 게 아니라, 큼직한 표현이나 문장을 위주로 공부했어요. 외국 문법책이나 워크북 같은 것들이 그런 식으로 되어 있더라구요. 그런데 촘스키는 문법부터 엄청 미시적으로 접근해서 통사부, 의미부, 음운부로 나누고 통사부를 또 기저부, 변형부… 이름도 참 기억하기 어려운 것들로 나누는데 굉장히 미시적으로, 분절적으로 접근한다는 느낌을 많이 받았어요.

구성 요소	설명	역할	대표적인 예시
통사부 (Syntactic Component)	**문장의 구조와 규칙을 연구**	**문장의 어순과 계층적 구조 정의**	"The boy kicks the ball" → **주어 - 동사 - 목적어** (SVO)
의미부 (Semantic Component)	**문장의 의미를 해석**	**단어와 문장의 의미를 분석**	"Dogs chase cats" → 'dog'**는 주체,** 'chase'**는 동작 의미**
음운부 (Syntactic Component)	**소리와 발음 체계를 규정**	**문장의 음운적 표현을 생성**	"books" → [bʊks], "dogs" → [dɒgz]
기저부 (Deep Structure)	**문장의 근본적이고 추상적인 구조**	**의미와 문법 규칙의 기반을 제공**	"Jone loves Mary"**의 기저부는 주어 - 동사 - 목적어**
변형부 (Transformational Component)	**기저구조를 표면구조로 변환**	**문장을 문법적 규칙에 따라 변형**	"The boy kicking the ball" → "the boy kicking the ball?"

주지후  촘스키 선생님은 언어학에서 가장 유명하신 분이라고 할 수 있죠.

이윤규 요즘에는 다른 걸로 많이 유명하신 것 같지만, 저는 사실 촘스키 얘기 중에는 '언어습득장치(Language Acquisition Device)', LAD에 대해 생각을 많이 해보게 됩니다. 사람이 기본적으로 언어습득능력을 처음부터 탑재하고 있다는 얘기를 한 데 대해서 사실은 저는 때로 분노(?)를 좀 느꼈어요. LAD가 있는데 왜 영어가 안 되지? 왜 중국어가 안 되지? 왜 이탈리아어가 잘 안 되지? 이런 생각이 들고 그랬는데, 요즘에는 우리가 언어를 습득할 수 있는 선천적인 가능성을 갖고 있다는 것과 그 가능성을 현실적으로 싹 틔우는 건 다른 문제라고 이해를 하게 되었어요.
'엄청난 재능이다!'라고 해도 게으르면 실패한다든지 그런 것들 스포츠 같은 것 보면 자주 있는 일이잖아요.

주지후 맞아요. 다만 하나 주의 해야 하는 것은, 촘스키가 제안한 'LAD(Language Acquisition Device)'는 주로 모국어 습득에 관한 이론이에요. 이건 인간이 태어날 때부터 가지고 있는 선천적인 언어 습득 능력을 설명하는 개념이죠.
LAD는 특히 어린 시절에 가장 활발하게 작동해요. 이 시기에 아이들은 주변 환경에서 부모와 주변 사람들이 사용하는 언어를 자연스럽게 습득하거든요. 이게 바로 촘스키가 이 개념을 'Language Acquisition Device'라고 이름 지은 이유예요.
언어 습득 능력은 나이가 들면서 변화하는 경향이 있어요. 보통 사춘기를 지나면서 언어 습득 능력이 이전보다 떨어지는 것으로 여겨지죠. 즉, LAD의 효과는 생애 전반에 걸쳐 일정하게 유지되는 게 아니라, 특정 시기에 가장 강력하게 작용한다고 볼 수 있어요.

이윤규 맞아요. 다만 실은 진화심리학자이지만, 언어에 대해서도 깊은 관심을 가진 분이 계시죠. 스티븐 핑커. 이 분의 언어 3부작 중에서 '언어본능(Language Instinct)'을 읽어보면서 저는 조금 다른 뉘앙스를 느꼈던 것 같아요.
LAD를 모국어에 한정하는 게 아니라, 일반적으로 모국어든 외국어든 언어를 습득하는 것이 진화에 유리하다는 시각이 느껴지는 거죠.

주지후 그렇게 보는 의견이 스티븐 핑커는 굉장히 강해요.

이윤규 그러다 보니까 제가 스피븐 핑커의 책을 읽고 촘스키까지 거슬러 올라가서 실은 LAD라는 것은 모국어에 한정하는 게 아니라 더 넓게 이해할 수도 있는 건가? 그런 생각을 하게 되었죠.
게다가 우리가 이따가 또 얘기하겠지만, 스티븐 크라센 이런 분들이 이제 새로운 언어를 습득할 때도 마치 모국어 공부를 하듯이 자연적인 방법에 따르는 것이 더 효과적이고, 사춘기 이후에도 LAD가 살아 있다는 점을 강조하기도 하죠.

주지후 그렇죠. 하지만 이런 언어 습득 이론들을 이해할 때 우리가 주의해야 할 중요한 점이 있어요. 이 이론들이 등장한 시기는 인간의 뇌와 인지 과정을 과학적으로 완전히 이해하기에는 한계가 있었던 때였거든요.

촘스키의 경우를 살펴볼까요? 그는 1950년대 후반부터 행동주의의 대표적 인물인 스키너 박사와 치열한 논쟁을 벌였어요. 이 논쟁은 당시 학계에서 매우 격렬했고, 언어 습득에 대한 행동주의적 접근과 인지주의적 접근 사이의 근본적인 차이를 드러냈죠.

촘스키의 변형 생성 문법 등 촘스키 학파의 이론이 전성기를 맞은 것은 1970~80년대였어요. 그런데 이 시기까지도 우리의 과학 기술은 인간의 뇌를 상세히 들여다보기에는 아직 초기 단계에 있었어요. 현대의 뇌 영상 기술 같은 도구들이 없었기 때문에, 언어 처리에 대한 신경과학적 이해는 제한적일 수밖에 없었죠.

그 결과, 촘스키의 많은 이론들 중 일부는 현대에 와서 재평가되고 있어요. 신경과학과 인지과학의 발전으로 언어 습득에 대한 우리의 이해가 깊어졌고, 이에 따라 일부 초기 이론들이 도전 받고 있는 거예요. 예를 들어, 보편 문법 이론의 일부 측면들은 현대 연구에서 충분한 지지를 받지 못하고 있어요.

이윤규 다만 저는 스티븐 핑커와 같은 비교적 최근의 학자들의 주장을 보면 알 수 있듯이, 종래의 이론들도 정반합의 원리에 따라 서로의 단점을 보완하고 통합되는 양상을 보인다고 생각해요. 특히나 사회과학쪽은 이론들의 발전이나 통합 양상이 비슷한 것 같아요.

주지후 맞아요.

이윤규 처음에는 외부에 관찰이 쉬운 부분부터, 말하자면 외형적인 것부터 접근하기 시작하죠. 관찰을 통해서 귀납적으로 법칙을 하나 만들어 내는 거죠. 이런 이론들이 팽배해진 후에는 반대의 시각에서 출발하는 분들이 나오죠. 인간의 내면, 심리, 의사 이런 부분에 초점을 맞추는 거예요.
지금 우리가 얘기하는 영어공부, 교육학의 영역도 마찬가지거든요. 말씀하신 스키너가 행동주의라고 해서 외부적인 부분에서 들어온다면, 인지주의라고 해서 인간의 내면에서 밖으로 나가는 반대의 영역도 있죠. 사회학습이론 같은 것은 보다 절충적으로 느껴지고요.
결국 통합은 마지막에 득세한 지배적 견해를 바탕으로 반대견해를 포용해서 수정하는 방향으로 이뤄지죠.

주지후 인간심리를 총체적으로 파악하는 게슈탈트(Gestalt) 심리학처럼요.

이윤규 그런 식으로 나가는 거죠. 그러다 보니까 결국에는 우리가 마지막까지 살아 남거나 득세한 학파가 학문세계나 현실세계에 대한 발언력을 갖고 있느냐, 이런 게 학파라든지 이론의 이름을 결정하는 데 있어서 중요한 것 같지만, 사실 본질적으로는 결국에는 이론들이 통합되고 수정되면서 '진테제(synthese)'로 나가는 양상을 보이죠.
다만 여기서 하나 기억해야 하는 건, 어떤 이론이나 학파가 비판을 받았다고 해서 그 학파나 이론의 생명력이 완전히 소실되는 건 아니라는 거예요. 예를 들어가지고 스키너가 엄청나게 비판을 받았지만, 그분의 강화이론이라든지 그런 것들이 아직까지도 굉장히 다양한 분야에서 인용되고 생명력을 가지고 있거든요.

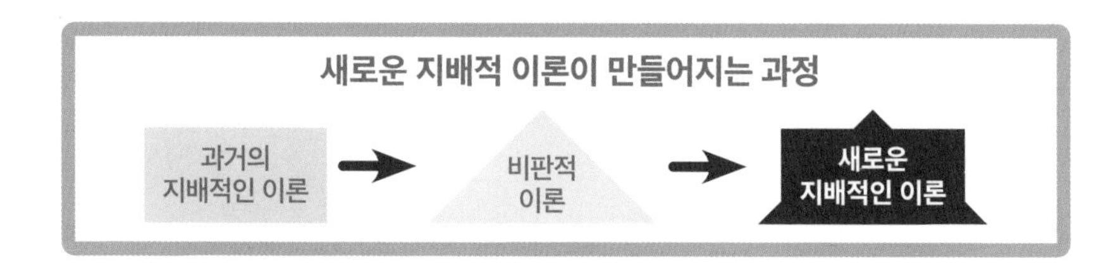

다시 촘스키 얘기로 돌아가면, 제게는 촘스키의 경우는 그런 느낌도 있어요. 굉장히 세밀하게 보잖아요. 이런 것들이 여전히 발언력이 있는가? 생명력을 가지고 있는가? 그런 생각도 하게 돼요.
특히나 우리 영어문법 시스템에 가장 직접적인 영향을 많이 미친 일본 같은 나라를 생각해 보면, 일본이라는 나라에 대한 호오를 떠나서, 그 사람들이 갖고 있는 사고방식 자체가 굉장히 미시적이고 디테일한 데 있다 보니까 우리도 단어, 문법, 독해, 쓰기 같은 것들도 모두 분절해서 보는 경향도 있지 않을까 그런 생각도 들어요.

주지후 

촘스키의 언어 이론 중에서 가장 주목할 만한 부분이 뭐냐면요, 바로 모국어 습득에 대한 분석이에요. 그의 연구는 정말 근본적인 질문에서 시작됐어요. '어렸을 때부터 자연스럽게 배운 모국어를 사용하는 사람들의 머릿속에 무엇이 들어있을까?' 이런 거죠.
촘스키가 이 문제에 접근한 방식이 좀 특별해요. 매우 수학적이고 체계적이었거든요. 물론 그 전에도 많은 심리학자나 철학자들이 언어의 구조를 밝히려고 노력했지만, 촘스키만큼 형식적이고 체계적으로 접근한 사람은 드물었어요. 이런 독특한 접근 방식 때문에 70~80년대에 그의 이론이 언어학계를 넘어 심리학, 철학, 인지과학 등 다양한 분야에서 큰 주목을 받게 된 거예요.
그는 언어를 도식화하고 규칙을 만들어 설명했어요. 이 과정에서 '보편 문법'이나 '심층 구조' 같은 개념이 나왔죠. 보편 문법은 모든 인간 언어에 공통적으로 적용되는 원리를 가리키고, 심층 구조는 문장의 기본적인 의미 구조를 나타내요. 이런 개념들이 마치 모든 언어에 적용될 수 있는 것처럼 보여서 많은 사람들의 관심을 받았어요.
하지만 여기서 주의해야 할 중요한 점이 있어요. 촘스키의 이론을 '영어를 저렇게 배우면 쉽게 배울 수 있다'는 식의 실용적인 언어 학습 방법으로 오해하면 안 돼요. 그의 연구는 오히려 '모국어를 이미 습득한 사람의 머릿속을 엑스레이로 찍어본다면 어떤 구조가 보일까?'를 상상해보는 것에 가까워요.
이런 접근은 언어의 본질을 이해하는 데는 큰 도움이 되지만, 실제 언어 학습 방법으로 직접 적용하기에는 한계가 있어요. 촘스키의 이론은 언어의 추상적 구조와 습득 과정을 이해하는 데 큰 기여를 했지만, 이를 실용적인 언어 학습 방법으로 오해해서는 안 된다는 점을 꼭 명심해야 해요.

이윤규 마치 우리가 자동차 운전을 잘하고 싶다고 해서 설계도를 심층적으로 공부를 해야 되는 건 아니겠죠. 도움이 아예 안 된다고 할 수는 없지만, 크게 도움이 되는 것도 아닌.

주지후  그렇습니다.

이윤규 근데 마치 촘스키의 이론은 언어의 설계도를 보여주는 듯한 그런 느낌이 좀 있죠.

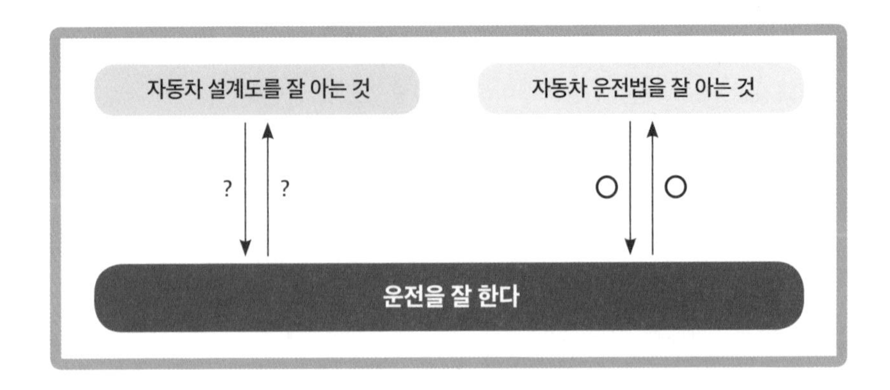

스티븐 핑커 '언어를 습득하는 것은 인간본능의 발현이다'

이윤규 아까 잠시 얘기가 나왔었지만, 최근에 진화심리학에서, 그리고 우리가 얘기하는 언어와 관련해서 가장 각광받는 유명한 학자 중 한 명이 스티븐 핑커인 것 같아요. 특히 스피븐 핑커도 LAD의 사고를 똑같이 계승해서 얘기를 하고 있죠. 이분은 더한 게 언어를 습득하는 능력이라는 것이 인간의 본능 속에 내재되어 있다고 보죠. 말하자면 생존을 위한 수단이라는 건데, 저는 좀 충격적이었어요.

스티븐 핑커의 '언어 3부작' 정리

제목	주요 내용	영어 공부에의 시사점
1. The Language Instinct (국내 번역명 : 언어본능)	- 인간의 언어는 진화의 산물로, 선천적 능력에 기반. - 언어는 생물학적 본능처럼 학습되는 것이 아니라 타고난 것. - 언어의 보편성과 아이들의 언어습득 과정을 설명.	- 영어를 배우는 데 선천적 언어 습득 능력을 활용 - 영어 학습은 의식적 노력 외에 자연스러운 노출이 중요 - 아이처럼 반복과 맥락 속에서 자연스럽게 익히는 학습법 추천
2. Words and Rules (국내 번역명 : 단어와 규칙)	- 언어는 기억된 단어와 문법적 규칙의 조합으로 작동. - 불규칙 동사와 규칙 동사의 사용을 통해 언어의 구조 이해 - 인간의 뇌가 언어 규칙과 단어를 어떻게 처리하는지 분석.	- 영어 학습에서 규칙과 예외를 구분하여 학습. - 불규칙 동사와 문법적 규칙을 반복 연습. - 단어와 규칙의 관계이 관계를 이해하며 문법 학습의 효율성을 높임.
3. The Stuff of Thought (국내 미출간)	- 언어와 사고의 관계를 탐구. - 언어가 인간의 사고방식과 문화적 사고를 어떻게 반영하는지 설명. - 은유, 표현, 관용어가 사고를 조직화하는 방식 탐구.	- 영어 관용어와 은유 표현 학습의 중요성. - 문화적 맥락을 이해하며 표현의 뉘앙스 익히기 - 영어는 단순한 문법 이상으로 사고와 문화적 사고의 도구임을 인식.

왜냐하면 원래 '인간의 본능'이라고 그러면 직접적으로 살고 죽는, 그런 의미

의 생존에 대한 것들 것 떠올리게 되잖아요? 예를 들면 어두운 데를 가면 무서운 감정을 느낀다든지. 어두운 데서는 맹수가 튀어나올 수도 있고 현대사회에서는 범죄의 대상이 될 수도 있고 그러니까요. 물론 이것은 생물적 본능이라기 보다는 사회적으로 학습된, 도킨스 식으로 말하자면 '밈(meme, 유전자가 아닌 문화와 관습을 통해 다음 세대로 전달되는 것)'같은 것이겠지만요. 어쨌든 이런 생존을 위한 알고리즘들이 우리 뇌 속에 어떤 방식으로든 쌓여 가는 것인데, 그것에 언어가 포함된다는 건 저는 상당히 의외였어요.
단적으로 언어가 생존과 어떤 직접적 관계가 있는가 하는 것이에요.

주지후 스티븐 핑커는 자신을 인지과학자 또는 인지심리학자라고 소개해요. 그는 언어학자 출신이 아니에요. 그런데 이게 그의 접근 방식을 더욱 특별하게 만들죠.
핑커의 평생 연구 주제가 뭐냐면, '인간의 마음이 어떻게 작동하는가'예요. 여기서 '마음'은 영어로 'mind'인데, 사실상 '정신'을 의미해요. 그는 우리 머리에서 일어나는 과정을 과학적, 공학적으로 밝히고 싶어 했어요.
말씀하신 핑커의 대표작 언어 본능, 여기서 그가 강조하는 '언어 본능'이란 게 뭘까요? 그건 바로 인간의 정신이 특정 방식으로 작동한다면, 언어를 습득할 수밖에 없는 기본적인 정신 메커니즘이 타고났을 거라는 관점이에요. 이 개념이 언어 습득의 보편성과 필연성을 설명하는 데 중요한 역할을 해요.
핑커의 이론에서 가장 흥미로운 점 중 하나가 있어요. 그게 뭐냐면, '우리가 언어로 생각한다'는 개념을 부인한다는 거예요. 놀랍죠? 그는 우리가 생각할 때 언어가 아닌 더 추상적인 형태, 즉 '멘탈리즈(mentalese)' 또는 '정신어'로 생각한다고 주장해요.
핑커의 견해를 따르면, 우리 모두가 멘탈리즈로 생각한다고 해요. 그런데 실제로 말을 하거나 외부로 표현할 때는 어떻게 할까요? 그때는 우리가 속한 문화에서 배운 언어로 변환해서 표현한다는 거예요. 즉, 기저에 있는 생각(멘탈리즈)이 변환되어 밖으로 표현되는 '표현형'이 따로 있다고 보는 거죠.

이윤규 제가 스티븐 핑커에 대해 관심을 가지게 되면서 진화심리학의 계보를 큼직하게 한 번 정리를 해봤는데요. 저는 이 시작을 1967년에 나온 데즈먼드 모리스의 '털 없는 원숭이(Naked Apes)'라고 생각해요. 인간은 사실 원숭이와 유사한데 털이 없을 뿐이다라는 인식인데, 더 중요한 건 대체 왜 우리는 유전의 정에서 털을 벗어 던진 것인지에 대해 몇 가지 주제로 나누어서 설명을 해줘요. 무언가 이점이 있기 때문에 털 대신 다른 것을 선택했다는 것이죠.

성에서 양육, 모험, 싸움, 몸 다듬기 같은 의식주 전반에 대해 다루는데, 지금 얘기하는 언어본능과 관련하면 그 중에서도 공동체 생활에서의 이점이 떠올라요. 털 때문에 생기는 기생충과 감염의 문제, 털이 없음으로써 표정 등 감정 표현이 더 직접적일 수 있다는 점, 신체적·성적 접촉에서의 이점 등인데, 여기서는 여전히 여러 이점 중 하나로 분류가 되고 있어요.

그런데 여기서 더 나아가서 리처드 도킨스의 '이기적 유전자'와 로버트 액설로드의 '협력의 진화'를 합쳐서 보면, 진화생물학의 중요한 키워드 중 하나는 생존, 그리고 그것을 위한 협력과 공생이라는 것을 알 수 있죠.

여기서 한 걸음 더 나아간 것이 에드워드 윌슨의 '사회생물학'이에요. 아예 윌슨은 사회학의 위치를 재편해서 생물학의 하위분야로 넣는 대담한 설명을 하고 있잖아요? 진화를 위해 사회공동체를 구성할 수 밖에 없다는.
이분들 각자가 표현하는 방식은 다르지만, 공통적으로 얘기하는 것들이 인간은 군집을 이루면서 사는 사회적 생물이라는 얘기라는 생각이 들었어요.

주지후 에드워드 윌슨은 그때 욕 많이 드셨어요.
에드워드 윌슨 교수 대학교 강의하러 가시면 물병 던지고 막 난리 났었어요.

이윤규 맞습니다. 에드워드 윌슨의 책 '인간본성에 대하여'는 1978년에 나왔거든요. 지금부터 거의 50년 전인데, 영역을 넘나들고 재편하려는 시도를 윌슨이 말하는 '통섭'이라는 이름으로 미화시키기에 역부족이었겠죠.
어쨌든 원래 얘기로 돌아가면, 사회학이 진화생물학의 하위분야라는 윌슨의 주장 덕분에 사회학 분야에서도 응답이 일어나기 시작했죠. '진화심리학'은 인간의 심리에 대해서도 생존을 위해서 유전적으로 뭔가 다음 세대로 전해져 온게 있는가에 대한 대답이라고 생각해요.
사람이 공동체, 사회를 이루어서 살면서 가장 큰 이점 중 하나는 학습과 교육이라고 생각해요. 데즈먼즈 모리스는 사람에게 새로운 것을 추구하는 마음인 네오필리아와 새로운 것을 싫어하는 마음인 네오포비아가 동시에 있다고 했어요.
그런데 네오필리아가 발동해서 새로운 것 버섯을 처음 먹어보면 죽을 확률이 높겠죠? 그런데 사회, 공통체 생활을 하면 그럴 확률이 줄어들죠. 예는 하나를 들었지만 공동체가 생존의 측면에서는 생존을 위한 연대적 학습의 기회를 만들어 주는 것 같아요.
누가 뭘 먹고 죽었다, 저 동물은 위험하다. 근데 이것을 보다 효율적으로 전달할 수 있는 수단이 언어가 아닌가 그런 생각이 들었어요. 처음에는 수신호 같은 것을 썼겠죠. 그런데 이런 것들이 시간이 지나고 지식이 누적되면서 점차

고도화되고 더 정밀화되면서 다음 세대로 넘어가면, 특히 인간의 역사는 30만 년이니까 오랜 세월을 거쳐 다듬어지고 전승되었을 것 같아요.
생존을 위한 도구로서 언어가 다듬어지는 과정은 굉장히 오랜 역사를 갖고 있는 것이겠죠.

주지후 요즘 언어학계에서 어떤 일이 일어나고 있는지 아세요? 전통적인 접근법에 대해 새로운 시각들이 나오고 있어요. 특히 재미있는 건, 이런 새로운 접근을 시도하는 연구자들 중에 진화 생물학, 진화 인류학 배경을 가진 사람들이 많다는 거예요.
이 학자들 사이에서도 크게 두 가지 접근 방식이 보여요. 첫 번째는 리처드 도킨스로 대표되는 접근인데요. 도킨스는 처음에 어떤 생각을 했냐면, 모든 표현형이 유전자에서 나온다고 봤어요. 쉽게 말해서, 우리의 언어 능력도 유전자의 영향을 크게 받는다는 거죠.
반면에, 조지프 헨릭, 리처드 랭엄, 로빈 던바 같은 인류학자들은 다른 접근을 해요. 이 사람들은 뭘 중요하게 보냐면, 언어의 역사를 연구하면서 문화적 맥락과 사회적 환경을 강조해요.
이 두 접근 방식을 종합하면 이런 결론이 나옵니다. 인간이 언어를 구사할 수 있는 능력 자체는 타고날 수 있지만, 환경이 뒷받침되어야 한다.
고립된 환경에서 인간이 언어를 습득할 수 있을까요?

이윤규 못하죠.

주지후 그러니까 이걸 보면 언어가 순수하게 생물학적 능력의 발현이라고 보는 거는 사실 불가능한 거죠.

이윤규 기능적인 필요성도 있는 것이네요.

주지후 언어 능력을 걷기와 비교해보면 정말 재미있는 차이가 보여요. 인간은 고립된 환경에서도 걷기를 배울 수 있어요. 아이를 혼자 두어도 결국에는 걸음마를 배우게 되죠. 그런데 언어는 좀 달라요. 고립된 환경에서 자란 아이는 언어를 배우지 못해요.

이런 차이는 언어가 본질적으로 문화의 산물이라는 점을 알려줘요. 걷기는 우리의 생물학적 특성에 깊이 뿌리박힌 능력이지만, 언어는 그 이상의 뭔가가 필요해요. 바로 사회적 상호작용과 문화적 환경이에요. 이게 바로 언어를 배우고 발달시키는 데 사회적 맥락이 얼마나 중요한지를 보여주는 거예요.

이런 관점에서, 요즘 언어학계에서 주목받고 있는 개념이 있어요. 바로 '언어와 인간의 공진화(co-evolution)'라는 개념인데, 이게 정말 흥미롭고 중요한 통찰을 제공해요.

공진화 이론에 따르면, 인간이 언어를 쉽게 배울 수 있도록 진화했을 뿐만 아니라, 언어 자체도 인간이 쉽게 배울 수 있는 방향으로 진화했을 가능성이 있대요. 이게 무슨 뜻이냐면, 언어와 인간이 서로 영향을 주고받으며 함께 발전해 왔다는 거예요.

예를 들어, 우리의 뇌가 언어를 처리하는 데 특화된 영역을 발달시켰다면, 동시에 언어 자체도 우리의 인지 구조에 맞게 변화했을 수 있어요.

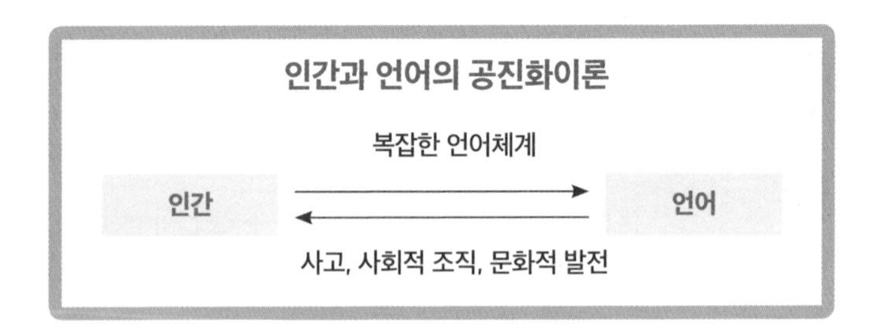

이윤규 스티븐 핑커 같은 학자들의 사고를 추적을 하고 이해를 하다

보면 우리가 기존에 알고 있던 것들을 어떻게 그렇게 다르게 설명할 수 있는지… 이미 알고 있는 것을 다른 눈으로 바라볼 수 있는 그런 대단함을 느끼게 되는 것 같아요.

주지후 스티븐 핑커는 일반적으로 촘스키의 학문적 계보를 잇는 인물로 여겨집니다. 그런데 재미있는 건, 핑커가 자기 스승인 촘스키의 이론에 대해 일부 반론을 제기하고 있다는 거예요.
촘스키의 이론과 정반대 입장에 있는 언어학자로 다니엘 에버렛이라는 사람이 있어요. 에버렛의 연구가 정말 흥미로운데, 이 사람이 아마존의 소수 부족들을 대상으로 현장 연구를 했거든요. 그러다가 피라하라는 언어를 발견했어요.
이 피라하 언어가 왜 중요하냐면, 촘스키가 주장한 언어의 보편적 특징 중 일부가 이 언어에는 적용되지 않는다고 해요. 예를 들어, 재귀성이나 복잡한 문법 구조가 없대요. 에버렛의 이런 발견은 보편문법 이론에 대한 반증 사례로 제시됐어요.
이게 왜 중요하냐면, 과학철학자 칼 포퍼의 반증주의 관점에서 볼 때 의미가 크거든요. 포퍼에 따르면, 과학적 이론은 반증 가능성이 있어야 하고, 반증 사례를 통해 이론의 타당성을 검증할 수 있어야 한대요. 그래서 에버렛의 발견은 기존 이론의 타당성을 검증하는 중요한 사례라고 볼 수 있어요.
학계의 반응도 재미있어요. 스티븐 핑커는 이 발견에 대해 '흥미롭다'는 중립적인 입장을 취했어요. 이건 새로운 발견에 대해 열린 태도를 보여주는 동시에, 기존 이론과 새로운 발견 사이에서 균형을 잡으려는 시도로 볼 수 있죠.
반면에 촘스키는 이런 반증 사례를 인정하지 않는 입장을 고수하고 있어요.

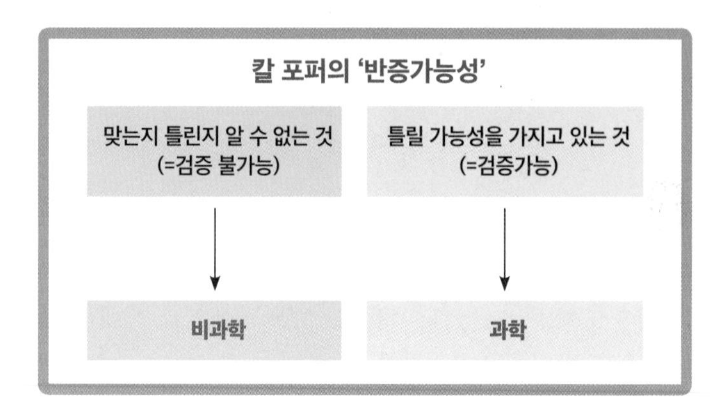
칼 포퍼의 '반증가능성'
맞는지 틀린지 알 수 없는 것
(=검증 불가능)
틀릴 가능성을 가지고 있는 것
(=검증가능)
비과학
과학

3. 외국어를 배울 수 있는 최적의 시기는 언제인가?

에릭 레너버그 '외국어를 쉽게 배울 수 있는 시기는 정해져 있다'

이윤규 이제 사람이 언어를 습득할 수 있는 선천적 능력이든 본능이든 뭐든 갖고 있다고 한다면 언제까지 이런 능력을 발현시킬 수 있는지에 대해서도 얘기를 해보고 싶어요.
에릭 레너버그는 언어습득에 있어 결정적 시기가 있다고 했죠. 청소년기를 지나면 뇌가 다 형성이 되어 가지고 새로운 언어를 배우기 어려워진다는 얘기에요. 이렇게 되면 외국어는 모국어와 같은 영역이 아니라 다른 영역으로 저장이 된다는 셈이에요.
그런데 저도 그런 경험이 있어요. 어릴 때 캐나다 선생님한테 영어를 배웠는데 그 선생님이 오타와 출신이었어요. 그래서 자연스럽게 영어와 프랑스어를 섞어 쓰셨대요. 그런데 선생님이 프랑스어를 외국어로 배우다 보니 어느 순간 한참 프랑스어를 쓰다 보니 영어로 생각을 전환하는데 시간이 걸리는 경험을 했다고 얘기한 적이 있어요.

주지후 마치 스위치를 껐다 켜는 것처럼요?

이윤규 맞아요. 저도 과거에 한참 영어로 많이 말할 때는 순간적으로 한국말로 생각을 할 때 시간이 걸린 적이 있었거든요. 인생에 그런 경험이 한 번 정도 있더라고요? 하하
이렇게 보니 사람의 뇌가 모국어를 저장하는 공간과 외국어를 저장하는 공간을 나누는 것은 아닌가 생각을 하게 됐어요. 최근에 여기에 대해서 과학적인 연구도 있다고 들었어요.

주지후 언어 습득의 결정적시기 가설, 이게 언어학이랑 인지과학 분야에서 정말 중요한 이론이에요. 지금도 계속 연구하고 논의되고 있죠.

이 가설이 처음 나온 건 1967년이에요. 레너버그가 《언어의 생물학적 기초》라는 책에서 이 가설을 제시했어요. 이 책 덕분에 이 이론이 널리 알려지게 됐죠. 레너버그는 2살부터 사춘기까지를 '언어 습득의 결정적 시기'라고 봤어요. 레너버그가 관찰한 바에 따르면, 어린 나이(6-7살 정도)에 새로운 언어 환경에 노출된 아이들은 언어를 엄청 빨리 배워요. 반면에 청소년기(13-15살 정도)에 접어든 애들은 새 언어 배우는 데 더 어려움을 겪는 경향이 있대요.

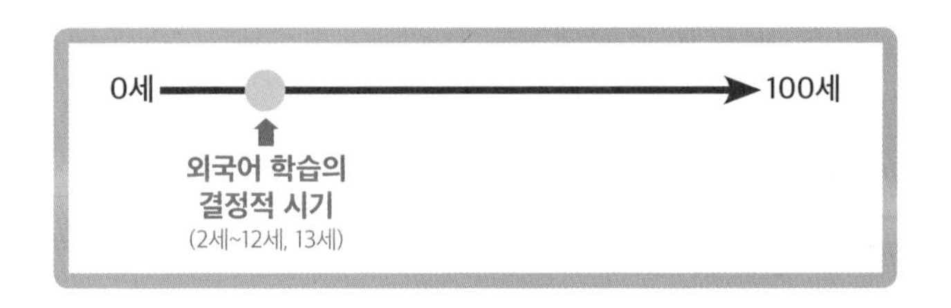

레너버그 시대에는 주로 관찰 데이터로만 연구할 수 있었는데, 요즘은 뇌 영상 기술이 발달해서 이 가설에 대해 더 과학적이고 실증적인 연구가 가능해졌어요. 최근 연구들은 MRI 같은 첨단 기술을 사용해서 언어 습득 과정에서 뇌가 어떻게 활동하는지 관찰하고 있어요.

연구들을 보면, 어릴 때부터 이중 언어를 접한 사람들이랑 성인이 돼서 새 언어를 배운 사람들 사이에 차이가 있대요. 언어를 처리할 때 활성화되는 뇌 영역이 다르다는 거예요. 이건 언어를 배우는 시기에 따라 뇌가 처리하는 방식이 다를 수 있다는 걸 보여주는 거죠.

과학적으로 증명이 된 거나 다름없죠.

이윤규 맞아요. 뇌인지과학적으로 보면 인간은 성장하면서 뇌, 특히 기억을 세 단계를 거쳐서 다르게 써요.

어릴 때는 '절차기억'이라고 해서 삶의 기본적인 욕구들, 필요들을 어떻게 처리하고 대응하는지에 대해서 몸이 기억을 해요. 영아나 유아 때 이런 기억을 사용해요.
그러다가 초등학생, 중학생 정도 때는 무언가를 내 경험을 통해 이해하지 않고서도 그 정보를 있는 그대로 습득할 수 있는 뇌가 발달해요. 이런 것을 '지식기억'이라고 해요. 구구단을 외운다든지, 학교 다니면서 한 번에 여러 과목의 개념, 내용 같은 것들 학습하면서 세상과 사회가 어떻게 만들어져 있는지 배우는 거죠. 언어도 여기에 들어가게 되어요.
그리고 고등학생 전후로 대부분 '경험기억'이라는 것을 주되게 쓰기 시작합니다. 내가 직간접적으로 경험해 보지 않은 것은 이해하기 어려워져요. 참고로 이해라는 것이 바로 우리가 말하는 장기기억을 만드는 방법이에요. 즉 이해=암기인 것이죠.

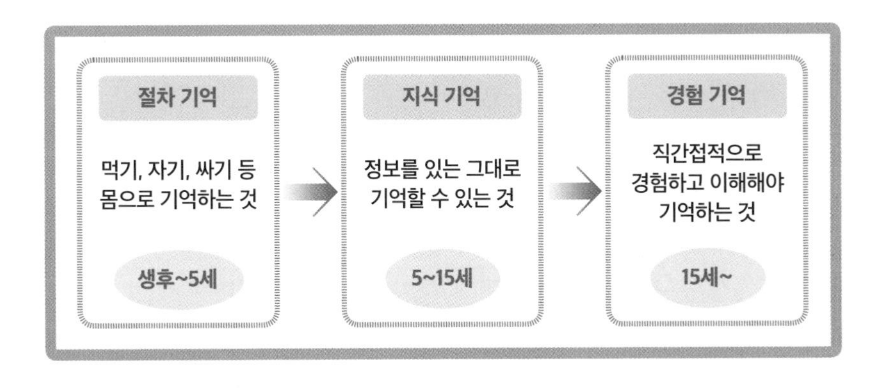

근데 우리 주변에 대부분 외국어가 어렵다고 하는 분들은 성인이거든요. 어린 아이들은 어려움이 아니라 흥미에 문제가 있습니다.
인지심리학 내지는 교육심리학적으로 보면 두 상황은 달라요. 어린 아이들은 방법이나 동기부여 같은 부분에서 문제가 있는 것이에요. 이걸 '외재적 부하'라고 해요. 무언가를 배우고 익히는 거 자체에 문제가 있다기 보다는, 그 방법상에 문제가 있다는 거에요.

하지만 성인의 경우에는 방법은 오히려 더 잘 알아요. 그런데 내 기억, 뇌의 인지구조 때문에 문제가 생기는 것이에요. 이런 것을 '본질적 부하'라고 해요. 성인 같은 경우는 방법을 알고 난이도를 낮춰도 잘 안 되는 것이, 경험기억을 사용하면서 이해가 안 되면 머릿속에 무언가를 집어넣기가 어려워지는데, 외국어는 사실 있는 그대로, 덩어리를 짓든 상황을 기억하든 하는 방식으로 습득하는 것이 가장 일반적이거든요. 그런데 성인은 그런 환경을 만들기가 쉽지 않아요.

주지후 듣고 보니 중학교 다닐 때까지 공부 잘 못했다가 고등학생이 되어서 공부 갑자기 잘 하던 친구들이 있었는데, 기억의 종류가 달라져서 그랬나봐요.

이윤규 정확해요.
언어로 다시 돌아가면, 어릴 때는 문장의 틀이랄까 그런 걸 통째로 외워서 단어만 조금 바꾸면 되거든요. 'Have you ever been to ___?, ~에 가본 적 있어?' 이 뒤에다가 Seoul을 넣든, London을 넣든 하면 되는거죠. 그런데 성인은 하나하나 분해해서 생각을 하거든요. I have 맞겠지? I has는 아닌데 왜였지? I have been이지? Is는 아니지? 이런 생각들. 뭔가 이해가 안 되기 시작하면 꼬이는 거죠. 그러면서 자연스럽게 언어습득이 어려워지구요.
그리고 중학생이나 이럴 때는 생각이 어떴냐면은 일단 받아들이고, 외우고 써보면서 나중에 만약 틀렸으면 수정하는 그런 접근법을 가지고 있어요. 그런데 성인은 사회속에서 공동체 생활을 본격적으로 하다보니 실수에 대한 겁도 많이 내게 되고 두려움이 생기죠. 학습에 방해가 되는 두려움
이런 두 가지 때문에 성인들이 결국 영어공부가, 언어습관을 새로 만드는 게 어려워질 수밖에 없게 되죠.

주지후 흥미로운 점이 있어요. 미국을 비롯한 여러 국가에서 이민자들의 언어 습득 능력이 이민 시기에 따라 차이를 보인대요. 대체로 중학교 나이까지 이민 온 경우, 새로운 언어를 원어민에 가깝게 빠르고 자연스럽게 습득하는 경향이 있어요. 반면, 고등학교 시기부터 이민한 경우에는 언어 습득에 더 많은 어려움을 겪는 것으로 나타납니다.

이러한 현상의 원인으로는 사춘기와 2차 성징 시기에 뇌의 정보 처리 방식이 크게 변화하는 것과 관련이 있을 것으로 추측된대요. 실제로 아까 얘기한 레너버그의 연구에 따르면, 뇌의 유연성 상실 및 뇌 기능의 특화와 같은 뇌의 생리학적 변화가 언어 습득의 결정적 시기의 종료를 특징짓는다고 해요.

이윤규 이렇게도 볼 수 있을 것 같아요. 우리 뇌가 3부분으로 이루어져 있잖아요.

먼저 척수하고 뇌를 이어주는 '뇌간'이 있고, 이게 비유적으로는 '파충류에 뇌'라고 그래서 먹고 자고 싸는 걸 담당하는 부분이에요. 두 번째가 변연계. 이게 감정을 컨트롤 해 주는데 이게 사춘기 때 발달을 많이 해요. 그런데 우리의 지식이라든지 지적능력, 언어능력을 좌우하는 것은 이 변연계 위에 있는 신피질이거든요. 신피질 중고등학교 때는 발달이 되게 시작하면서 24~5살 때 최대로 발달이 되어요.

언어능력이 발달하기 시작하는 시기이자 있는 그대로 받아들이는 지식기억을 사용하는 때는 교집합을 해보면 중학교 때 정도에요. 이때가 언어학습을 위한 최적의 시기 중에는 마지막 단계 정도에 해당하는 거죠.

뇌의 발달정도가 점점 바뀌는 거예요. 뇌 발달의 단계에 따라서 내 기억의 형태도 바뀌고, 중학생 때가 새로운 언어를 습득하기에는 최적이자 최후의 단계이다. 이렇게 한번 정리를 해볼 수가 있을 것 같아요.

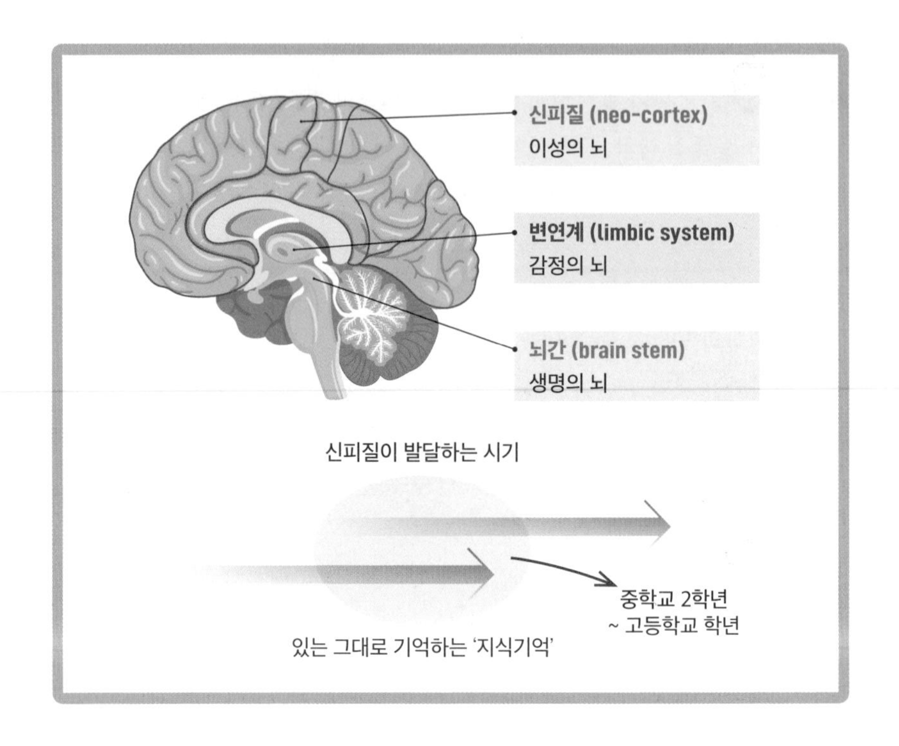

주지후  듣고 보니 비단 언어에만 한정된 게 아닌 것 같아요.

이윤규 맞아요, 언어라는 것은 소통을 위한 지식과 정보의 집합체인 것이죠. 공부의 대상, 습득의 대상이기 때문에 언어만이 이런 측면에서 특별하다고는 할 수 없어요.

주지후  그래서 학습법이라는 것도 굉장히 중요하죠?

이윤규 굉장히 중요하죠. 우리 몸의 발달 과정이나 구조를 알면 훨씬 더 정확하게, 정교하게 그걸 사용할 수 있는 것이잖아요, 운전면허학원을 다니는 것과 같은 것이죠.

4. 외국어 습득은 기존 지식과의 결합이다

데이비드 오스벨 '외국어는 '포섭'을 통해 익혀라'

이윤규 저희가 지금까지는 인간이 언어 습득능력을 갖고 있고 그게 몇 살까지 유효한가 언제부터 어려워지는가 얘기를 했다면, 지금부터는 언어 습득의 구체적인 방법에 대해서 한번 얘기를 해보고 싶어요.
제가 분류를 해보니까 이에 대한 의견들은 3그룹 정도로 나뉘더라고요.
가장 먼저는 인풋이 중요하다는 분들이 있어요. 어떻게 머리에 입력할 것인가.
둘째는 그것보다는 언어를 사용하고 인터랙션하고 피드백하는 과정에서 언어를 습득한다는 분들.
셋째는 어느 한쪽이 맞는 게 아니라 양쪽을 합해서 보는 게 맞다는 분들이에요.

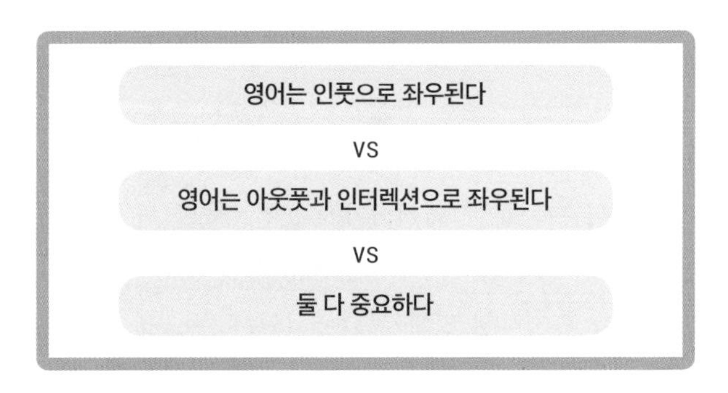

그런데 사실 사회과학의 전체적인 흐름에 따라 놓고 보면 마지막처럼 종합적으로 접근하는 견해들이 대개 큰 취약점이 없죠.
그래도 각자의 견해들이 지적하는 부분에서 유의미한 것들, 배울 점들이 있기 때문에 하나씩 같이 얘기를 해보면 좋겠어요.
먼저 데이비드 오스벨은 '선행조직자'라는 개념을 통해 기존 지식과의 결합을 강조해요. 우리가 기존에 알고 있던 지식과 새로운 지식을 연결할 때 이게 내

것이 된다는 것인데, 언어를 배울 때도 마찬가지라는 거에요.
뭔가를 배울 때 기존에 알고 있던 걸 동원하고 그것과 연결해야만 새로운 정보나 지식의 습득이 잘 된다는 건데, 이건 사실 교육심리학에서는 되게 당연한 얘기거든요.
장기기억을 만들기 위해서는 기존기억을 사용하고 그것과 새로운 정보를 연결시키는 게 필수적이에요. '정교화(Elaboration)'라고 해요.
새로운 정보와 기존의 정보 사이의 유사성을 연결을 못하면 기억은 단기기억에만 머물러요.
사람들이 가장 많이 착각하는 것 중에 하나가 반복을 많이 하면 외워진다라고 그러는데 실은 '반복'에는 종류가 2개가 있습니다. 앞서도 얘기했지만, 조금 더 상세히 설명해 볼게요.
반복을 교육심리학에서는 '시연(Rehearsal)'이라고 해요. 시연이라고 부르는 이유는요, 예를 들어서 '내가 주말에 지후 선생님 집에 놀러 가겠어' 이러면 아파트 이름을 외울 거 아니에요 어디 어디 무슨 아파트다 이런 식으로 마음속으로 반복을 해보죠. 이걸 나중에 사용하는 상황을 미리 생각하면서 지식을 사용해 보는 거에요. 그래서 정확한 명칭이 시연이에요.
근데 이 시연이 두 종류가 있다는 거예요.
하나는 기억이 들어왔을 때 못 빠져나가게 붙잡는 시연이 있어요. 이걸 단기기억을 붙잡기 위한 시연, '유지 시연(Maintenance Rehearsal)'이라고 해요.
반면에 장기기억을 유지하고 강화시키는 시연은 '정교화 시연(Elaborative Rehearsal)'이라고 해요. 지식을 계속 분해하고 재조립해보는 것을 반복하는 것이죠. 이렇게 기억을 하고 시연을 하면 최종적으로는 기억을 안 하게 돼요. 무슨 말이냐면, 머릿속에는 설계도만 있게 돼요.
그렇게 되면 다음에 뭔가 머릿속에 들어왔을 때 설계도에 따라 분해하고 재조립만 해보는 거예요. 예를 들어 2x1을 구하는 방법을 이해해서 알고 있다고 하면, 2x2도 할 수 있죠. 물론 이런 단순한 것은 이해없이 단기기억적으로 외워서 하는 사람도 있겠지만, 머릿속으로 원리와 계산방법을 생각해서 하는 사람도 있을 거 아니에요.
자기가 공식, 기준 같은 것을 알고 있는 사람은 실제 결과값을 모조리 외우지 않는다는 거죠. 그래서 내가 어떤 공식이나 기준, 원리 같은 것을 외울 것인지, 아니면 그것을 적용한 구체적인 결과값들을 모두 다 머리에서 못 떠나게 붙잡을 것인지 차이가 나게 돼요.

주지후  듣고 보니까 전문가가 어떤 사람인지가 약간 정의가 되네요.

이윤규 오스벨이 말하는 선행조직자는 영어로는 '오거나이저(Organizer)'라고 해요. 쉽게 이해하면, 우리가 뭔가 새로운 것을 습득할 때, 그게 대체 어떻게 생긴 것이고 어떤 것으로 구성되어 있는지를 가늠할 수 있게, 그래서 분리할 수 있게 해주는 기준이랄까 그런 걸 얘기하는 거에요. 기준이 없는 사람은 새로운 정보를 낱낱이 분해 못하거든요.
예를 들어 머릿속에 별표를 집어넣는데, 선행조직자라는 톱을 갖고 있는 사람은 그 별을 잘라보거든요. 잘라가지고 오각형 하나랑 삼각형 5개네. 근데 내가 오각형 원래 알고 있고 삼각형 알고 있어 이런 식으로 생각하는 것은 사실은 안 외우는 거에요. 얘를 다음에도 어떻게 한번 잘라보자 그냥 이렇게 생각하고 끝내는 거예요.

그러니까 진짜 선행 조직자를 잘 쓰는 사람들은…

주지후  안 외워요.

이윤규 맞습니다. 다만 아까 말씀드린 것처럼 이것은 비단 언어에만 그런 게 아니라 모든 기억의 원리가 이렇게 정교화를 통해서 일어날 수밖에 없어요. 그래서 저는 오스벨의 이론을 딱 봤을 때 '아. 이 분은 학습기술적으로 당연한 말을 하고 있다.'고 생각했어요.

굉장히 정석적인. 그러다 보니까 저는 어떤 느낌이 드냐면은, 오히려 이 다음 단계는 그래서 뭐냐? 그래서 영어 공부 어떻게 하면 돼? 이렇게 물어봤을 때 아주 선명하고 뚜렷한 답을 주는 느낌은 못 받았어요.

근데 우리가 언어 공부할 때 보통 이런 단계를 거치지 않나요? 아주 오랫동안 문장형식이나 문법 같은 기본적인 포맷을 만들고 머릿속에 규칙을 만들고 이 과정이 엄청 길죠. 그러다가 어느 시점을 딱 지나면 그때부터는 약간 자유자재까지는 아니지만, 열심히 쌓아둔 단기기억들이 어떤 계기로 장기기억으로 바뀌게 되죠.

주지후 기존의 장기 교육을 만드는 과정이 어마어마하게 힘들고 괴롭지만 맞습니다.

"만들어지면 쉬워진다."

이 현상은 말씀하신 것처럼 단순히 언어 습득에만 국한되지 않고 인간 인지 과학의 더 넓은 영역과 연관돼요. 인지과학에서는 새로운 정보 습득이 기존 지식에 덧붙이는 방식으로 이루어진다고 본다고 설명해 주셨는데, 언어 습득은 이 과정의 극단적인 예시라고 할 수 있죠.

어린 아이들의 언어 발달을 보면 정말 흥미롭습니다. 처음에는 단어를 하나씩 배우다가 구 단계로 넘어가면서 표현력이 기하급수적으로 늘어나는 것을 관찰할 수 있어요. 이는 기존에 있던 표현에 새로운 단어를 붙여 실험하는 과정을 통해 이루어집니다.

이러한 원리는 언어를 넘어 모든 학습에 적용됩니다. 기존 지식이 많을수록 새로운 정보를 더 쉽게 습득할 수 있어요. 성인들이 외국어 학습에서 어려움을 겪는 이유도 여기에 있습니다. 모국어와는 완전히 다른 체계의 언어를 처음부터 시작해야 하기 때문이죠.

특정 분야를 지속적으로 공부하면 그 분야의 새로운 정보를 더 빠르게 습득하게 되는 것도 같은 맥락입니다. 책 읽는 속도가 점점 빨라지는 현상도 뇌가 활자를 개별적으로 처리하지 않고 묶음으로 처리하기 시작하면서 나타나는 현상이에요.

언어 학습에서 성인들이 가장 힘들어하는 것은 초보자 단계가 길다는 점입니다. 이는 운동을 배울 때도 마찬가지예요. 우리는 이 단계를 빨리 지나가고 싶어 하지만, 실제로는 이 단계가 매우 중요합니다. 영어 문장과 단어를 대량으로 습득해 임계량을 넘어서야 비로소 언어 능력이 급격히 향상되는 경험을 할 수 있어요.

후천적으로 외국어를 습득한 사람들은 종종 갑자기 실력이 크게 늘어나는 순간을 경험합니다. 이는 바로 그 임계량에 도달했기 때문이에요. 안타깝게도 많은 사람들이 그 임계량 직전에서 포기하곤 합니다.

5. 영어는 단어싸움이다

폴 네이션 '어휘와 어원을 정복하라'

이윤규 한편으로는 영어 공부할 때 기존기억을 쓰는 것과 관련해서 어원을 많이 안다든지 이런 것도 되게 중요하죠. 특히 폴 네이션이 강조하는 부분인데, 옥스포드 영어 사전에 등록된 영어단어 숫자가 17만 1천 개 정도 되더라고요. 그런데 그 중에서 원어민이 잘 사용하지 않는 단어 몇만 개를 빼면, 실제 원어민이 구사하는 단어 수준이 7천~9천 개 정도라고 합니다. 우리도 한국말 구사할 때 사전에 나오는 단어 전부를 사용하는 게 아니라 극히 일부만을 사용하죠.

폴 네이션이 과거에 실험을 한 게 있어요. 네이션이 선정한 50개 단어 중에 아는 단어가 몇 개인지 체크를 하는 거에요. 여기에 곱하기 500을 하면 그 사람의 영어실력을 알 수 있는 테스트에요. 핵심컨셉이 어휘가 영어 실력을 결정한다는 거에요.

지금도 네이션이 운영하는 사이트에서 응답을 할 수 있는데, 지금은 질문이 140개로 늘어나 있어요. 선생님이랑 저랑 작업한 Academic Word List도 있고 그렇더라구요.

결국엔 어원을 가지고 접근을 자꾸 해 주는 방식인데, 이분이 한국에도 한번 오셨어요. 그때 거기 참석한 분이 물어봤어요.

'한국 사람들이 영어 너무 힘들어하는데 외국인처럼 영어하려면 어느 정도 단어를 알면 되는가'

여기에 대한 답이 아까 말씀드린 것처럼 7~9천 개인데, 그럼 이 7~9천 개를 대체 어떻게 습득해야 하느냐 하는 문제가 생기죠. 그런데 어원으로 하면 생각보다 그렇게 많지 않다는 거에요. AWL 같은 경우도 어원을 분석해보니 56개 밖에 없었어요.

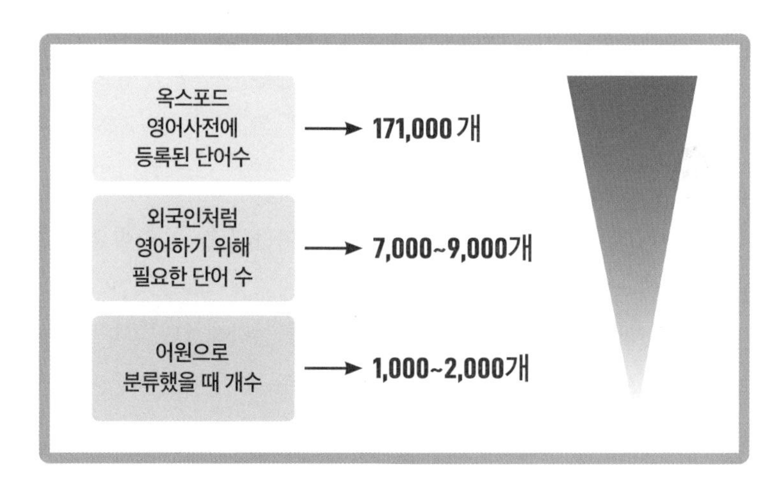

사실 한국말도 어떤 단어 주면서 이게 무슨 뜻이냐 물어보면 그걸 국립국어원에서 말하거나 사전에서 정의하는 것처럼 말할 수 있는 사람은 아무도 없거든요. 예를 들어 '개념'이라는 단어 뜻 정확하게 말할 수 있는 사람이 얼마나 되겠어요? 하지만 그게 무슨 뜻인지 모르는 사람은 또 없죠.

근데 그 메커니즘을 분석해보면 이건 유추적 문제해결 방식을 쓰는 거에요. Analogical Problem Solving이라고 하는데, '개념' 같은 경우는 '개괄'하고 '관념'이라는 말이 합쳐진 건가? 이런 식으로 추론을 해서 생각을 하는 거에요. 기존에 내가 알고 있는 단어들을 합쳐보는 식으로 생각하는 거에요. 사람은 기본적으로 자기가 아는 것을 바꿔 나가면서 습득을 해 나가는 능력이 있어요.

그래서 어원을 알고 있으면 '대략 이런 뜻이겠네'라는 느낌을 가질 수 있죠. 우리말의 절반 이상을 차지하는 한자어 같은 것들도, 우리가 그걸 쓸 수 있는지 구체적인 한자어 뜻을 하나하나 아는지를 떠나서, 그 한자어가 주는 이미지나 느낌을 가지고 추론하는 식으로 습득하는 것이 굉장히 많습니다.

영어에서도 우리 말에서의 한자 단어에 해당하는 것들이 있지요. 어원부분이 여기에 해당하는데, 그리스어, 라틴어에서 온 것들이 대종을 이루죠. 예를 들어 cor-는 '심장'을 의미하죠. 물리적인 느낌보다는 심정적 느낌. 그래서

cordial(화기애애한), courage(용기), discord(불화) 같은 단어들도 쉽게 이해할 수 있죠.

주지후

사실 이런 방식은 중급자 이상에게 특히 효과적이라고 볼 수 있어요. 제가 예를 들어 설명해 드릴게요.
먼저 한국어를 배우는 외국인 학습자들의 경우를 생각해보면, 흥미로운 패턴이 보입니다. 보통 어학당 같은 곳에서 한국어 기초를 잘 다진 다음에 한자 공부를 시작하면 언어 실력이 확 늘어나는 경향이 있거든요. 이게 가능한 이유는 한국어에 한자어가 상당히 많이 들어있기 때문이에요.
영어도 비슷한 양상을 보입니다. 아시다시피 영어 단어 대부분이 라틴어, 프랑스어, 독일어 같은 언어에서 유래했잖아요. 그래서 중급 정도의 실력이 됐을 때 이런 어원을 배우면 실력이 폭발적으로 늘어나는 걸 경험할 수 있어요.
이런 방식이 효과적인 이유는 간단합니다. 학습자가 이미 기본적인 언어 구조와 어휘를 알고 있기 때문이에요. 중급 학습자들은 새로운 단어를 추측하고 배우는 데 더 효과적인 전략을 쓸 수 있거든요. 단순히 단어를 외우는 게 아니라, 언어의 구조와 어원을 이해하면서 더 깊이 있게 배울 수 있는 거죠.
하지만 여기서 주의할 점이 있어요. 완전 초보자에게는 이런 방식이 오히려 부담이 될 수 있습니다. 예를 들어, 한국어를 전혀 모르는 사람이 갑자기 한자를 마주하는 것과 비슷한 상황이 될 수 있거든요.
그래서 초보자들에게는 직접적이고 집중적인 학습이 더 적합해요. 제 경험상, 이 방법은 기초가 충분히 쌓인 다음, 즉 중급 수준 이상이 됐을 때 시도해 보는 게 가장 효과적입니다. 이 시기에 어원 학습을 시작하면 언어 실력 향상에 정말 큰 도움이 될 거예요.

6. 덩어리를 잘 만드는 사람이 영어를 잘 한다

마이클 루이스 '잘게 나누지 말고 덩어리를 만들수록 영어는 쉬워진다'

이윤규 말씀하신 걸 듣다 보니 마이클 루이스가 생각나네요. 영어공부를 할 때 특히 유의미한 것이 단어와 같은 음절 단위로 기억을 하는 게 아니라, 어절 단위로 기억하고 공부하는 것을 강조했죠.

예를 들어 '한국 가 본 적 있어?'라는 말을 영작할 때, 'have + you + ever + been + to + Korea' 이런 식으로 단어를 조합하는 방식으로 생각을 하는 게 아니라, 애초에 'Have you ever been to' 까지 하나의 덩어리로 기억하는 거에요. 그럼 뒤에 들어갈 도시나 지역이름만 외우고 바로 바꿔 넣으면 되죠.

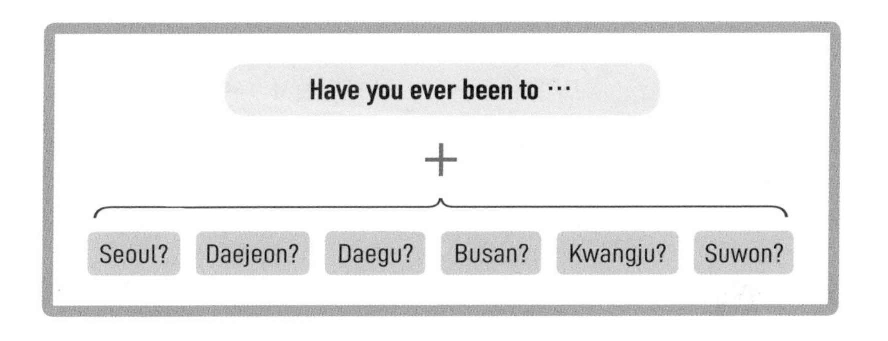

주지후 네, 이 접근 방식은 상당히 과학적인 근거를 가지고 있습니다. '진화하는 언어'라는 책이 있는데요, 영어 원제로는 'The Language Game'입니다. 이 책에서 닉 채터와 모텐 크리스티안센이 연구한 내용과 일맥상통하더라고요. 이 책은 언어의 습득과 발전 과정을 새로운 관점에서 조사했습니다. 연구 결과를 보면, 아이들의 언어 습득 과정이 기존의 이론과는 다르게 이해될 수 있음을 제시하고 있어요. 예를 들어, '엄마 이거 주세요'라는 패턴을 배운 아이는 이를 응용해 '엄마 저거 주세요'와 같이 올바르게 적용할 수 있죠. 하지만 때로는 '엄마 이거 주마요'와 같이 부정확한 패턴을 만들어내기도 합니다. 채터와 크리스티안센은 아이들이 실험을 통해 언어를 학습한다고 봐요. 의사소통이 성공하면 그 패턴을 계속 사용하고, 실패하면 수정하는 과정이 언어 습득의 핵심이라는 거죠.

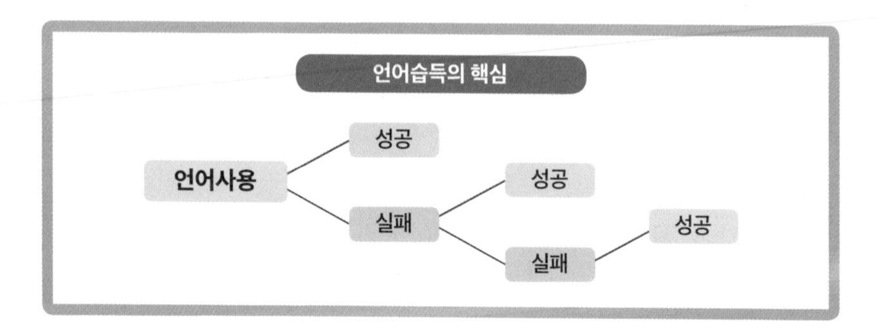

성인의 경우는 좀 다릅니다. 이미 기본적인 문법 지식이 있기 때문에 아이들처럼 극단적인 실험은 필요하지 않아요. 이런 맥락에서 '패턴 영어'라고 불리는 학습법이 유용하다고 봅니다. 이미 검증된 패턴이잖아요? 물론 패턴 영어에 대해 비판적인 시각도 있지만, 전문가들이 추려놓은 효율적인 패턴은 분명 가치가 있다고 생각합니다.

이윤규 저도 그래서 연령별로 나눠가지고 한 80개 정도 원어민들이 많이 쓰는 패턴을 정리해봤어요. 어린이부터 많이 쓰는 거 있잖아요.
예를 들어서 6살까지는 Let's not…, Can I…?, How was…?, I need to 이런 표현을 많이 쓰면, 7, 8세가 되면 It can't be…, Do I have to…? 이런 표현을 많이 쓰고, 9세부터 12세까지는 You'd better…, For some reason… 이런 표현, 그 이후가 되면 Would you like…? 이런 표현을 많이 쓴다든가 하는 것이에요.
이렇게 분석해 보니까 재밌더라고요. 그 속에서 문장들이 바뀌어 나가는데,

물론 이런 걸 안다고 해서 모든 구어체를 완벽하게 정복하고 그렇게 될 수 있는 것은 아니지만, 기본적인 사고랄까 기억방식? 기억단위? 그런 게 달라지게 된 것 같아요.

주지후 그렇죠. 우리가 언어 패턴들을 습득하면, 그 패턴들이 오즈벨이 말한 '선행 조직자'의 역할을 할 수 있어요. 이게 무슨 의미냐면, 우리가 배운 패턴이 새로운 언어 정보를 받아들이는 데 도움을 준다는 거죠.
제가 보기에는 이렇게 패턴을 통해 우리의 언어 데이터를 쌓아가는 과정 자체가 바로 언어 학습의 여정이라고 볼 수 있어요. 단순히 단어나 문법 규칙을 외우는 게 아니라, 실제로 언어를 사용하면서 패턴을 인식하고 그걸 활용하는 거죠. 우리가 언어를 배울 때, 끊임없이 새로운 패턴을 발견하고, 그걸 우리가 이미 알고 있는 것들과 연결시키고, 또 그걸 실제로 써보면서 더 깊이 이해하게 되는... 이런 과정의 반복이 바로 언어 학습의 핵심이라고 볼 수 있죠.

7. 단순암기로는 안 된다. 경험의 세계를 넓혀야 한다

제롬 브루너
'경험의 세계를 넓히고 새롭게 만들어가는 것이 바로 영어공부'

이윤규 지금까지 기억법적으로, 교육심리학의 학습기술적으로 보면 '조직화, 정교'화 이런 것들 다루었어요. 근데 한편으로는 대화라든지 상황, 이런 전체적인 맥락 속에서 단어나 문법, 용법을 파악하는 방식도 있거든요. '맥락화'라고 합니다. 영어로는 Context. 이 방식과 관련해서는 저는 제롬 브루너가 가장 먼저 떠오르는 것 같아요.
제롬 부르너는 Constructivism, 우리말로는 '구성주의'를 강조했어요. 무언가를 배우는 거, '학습'이라는 게 굉장히 능동적이고 배우는 사람이 자신이 기존에 가지고 있던 지식을 바탕으로 – 요건 정교화 얘기죠 – 새로운 정보나 지식들을 구축해낸다 즉 구성한다 이렇게 말한 거에요.
근데 여기서 중요한 게 내가 능동적으로 뭔가를 학습하면서 나의 경험에 따라 나의 언어 체계라든지 이런 걸 만들고 구성해 나가는 단계에서 제가 보기에 암묵적으로 전제된 것이 그 언어를 사용하는 국가에 사는 것이에요. 구성주의가 아동이 지식을 구축하는 것을 주된 관심사로 삼거든요. 단순하게 지식을 전달받는 게 아니라, 특정 상황, 의미 있는 상황에서 무언가 활동을 하면서 학습이 된다, 새로운 지식이나 인지전략이 생긴다고 얘기하는 것이 바로 맥락화의 개념과 일치해요.
맥락화 예를 들어 보면, 내가 친구가 몸이 되게 안 좋아서 입원해 있는 병원에 갔어요. 거기 가서 '야 맛있는 거 없니?' 이렇게 안 할 거 아니에요. 그런 상황 나타낸 그림이 있고 말풍선에 빈칸이 있다고 하면 '몸은 좀 괜찮아?' 이런 말이 들어가야겠죠.

상황이라는 요소를 보고 답을 추론해 내는 방식이에요. 이게 숙달되면 주변상황을 모두 고려하고 숙고해서 판단을 하는 게 아니라, 훈련이 되어서 직관적으로 바로 튀어나오게 되어요. 대니얼 카너먼이 말한 '직관적 시스템(intuitive system)'의 작용이죠. 직관적 판단은 훈련을 통해 빨라진다고 하거든요. 그런데 그 정도의 훈련이 자연스럽게 되기 위해서는 환경조성이 필요해요. 공부법적으로 말하면 맥락화가 일어날 수 있는 조건을 정비하는 거라고 할 수 있어요.

시스템 1 직관적 (intuitive) 시스템	시스템 2 논리적 (Reflective) 시스템
자동적 인지적 노력 ↓ 감각에 기반한 직관 빠른 사고 속도 연습에 따라 속도 ↑	의식적 인지적 노력 ↑ 논리에 기반한 연역 느린 사고 속도 기존 지식과 정보에 따름 ↑

이런 식으로 특정상황에서의 표현이나 언어, 단어, 문법 같은 것을 통째로 학습하는 방식을 흔히 '드릴링'이라고 해요. '패턴드릴' 이런 책도 많잖아요? 드

릴로 한 곳을 뚫으면 옆 벽도 같이 무너지는데 내가 하나만 파도 다른 것까지 같이 습득이 된다는 느낌이에요. 제롬 브루너가 강조하는 부분과 일치하기도 해요.
결국 하나를 계속해서 깊게 파다 보면 이제 더 많이 습득을 할 수 있다는 건데, 중요한 것은 과연 이게 모국어로 영어를 공부하는 사람들에게도 마찬가지인가, 과연 외국인이 그런 맥락화 환경을 조성하는 게 쉬운 일인가 저는 그런 생각이 들어요.

주지후 맞아요. 여기서 많은 분들이 오해하실 수 있는 부분이 있어요. 사실 외국어를 그렇게 자연스럽게 학습할 수 있는 환경은 정말 제한적이거든요. 우리나라에서 그런 환경을 만들려면 영어 마을을 가거나 이태원에서 몇 달 동안 지내야 하는데, 그게 현실적으로 가능한 분들이 얼마나 될까요?
제가 보기에는 모국어 습득 환경이 바로 그런 이상적인 언어 학습 환경이에요. 아무것도 모르는 아이들에게 어른들이 계속 상황을 만들어주고, 아이들이 시도한 언어 표현을 어른들이 바로바로 피드백해 주는 그런 환경 말이죠. 만약 우리가 그런 환경에 3-4년만 있을 수 있다면 외국어 습득이 얼마나 쉬울까요? 정말 자연스럽게 할 수 있겠죠.
하지만 현실은 그렇지 않잖아요. 그래서 우리나라에서 흔히 볼 수 있는 '상황별 영어회화', '상황별 영어 표현' 학습법에 대해 제가 좀 비판적인 시각을 가지고 있어요. 왜냐하면 이런 상황들이 우리나라에서 실제로 만들어지는 경우는 정말 드물거든요. 1%도 안 된다고 봐요. 우리가 그런 상황에서 그런 대화를 할 일이 사실상 거의 없어요.
그리고 설령 영어권 국가에 가더라도, 미리 외운 표현을 실제 상황에서 즉시 떠올려 사용하는 게 얼마나 어려운지 아시죠? 우리 뇌가 컴퓨터처럼 정확하고 빠르게 정보를 검색하는 게 아니니까요. 상황별 표현을 다 외워서 실제 상황이 발생했을 때 0.1초 만에 머릿속에서 꺼내 쓸 수 있다면 얼마나 좋겠어요. 하지만 그건 정말 비현실적인 얘기죠. 우리 뇌가 그렇게 컴퓨터처럼 작동하던가요?

이윤규 그래서 영어공부법에 관한 책들을 보면 대부분 공통적으로 강조하는 게 '노출도를 높여라'는 말이죠. 굉장히 추상적인 지시인데, 사실은 이런 교육심리학적인 근거들이 있는 것이죠.

그런데 말씀하신 것처럼 이게 참 쉽지가 않은 게 문제에요. 저는 근데 그런 생각을 하기도 해요. 일단은 가지고 있는 핸드폰부터 모두 영어로 바꾸고, 들리든 안 들리든 방송도 무조건 영어방송만 보고, 노래도 영어노래 듣고. 습득과 효율성은 그 다음 단계이고, 일단은 뭔가를 얻을 수 있는 기본적인 환경부터 조성을 하는 게 그 전단계인 것 같아요.

영어공부법 책들에서 종종 알려주는 방법이죠. 저는 실제 몇 년전부터 모든 기기를 영어로 설정해서 쓰고 있어요. 처음에는 굉장히 낯설더라구요. 특히 택시나 배달어플 쓸 때 가끔 목적이 영어로만 잡혀서 거절될 때도 있는데, 그래도 저는 영어 그 자체와 친숙해진다는 점에서 영어 노출도 높이고 싶은 분들은 꼭 해보시면 좋겠는 생각을 합니다.

8. 영어공부의 "유일한 왕도"

스티븐 크라센 '읽기를 정복하는 사람이 영어를 정복한다'

이윤규 그 다음으로 제가 얘기하고 싶은 분은, 어떻게 보면 영어공부 법계의 슈퍼스타라고 할 수 있을 것 같아요. 스티븐 크라센. 크라센 같은 경우는 영어공부에 있어 다섯 가지 가설을 주장했죠.

가설	주요 내용	핵심 포인트
1. 습득 - 학습 가설	언어는 두 가지 방식으로 익힐 수 있음 : 습득은 자연스러운 환경에서 무의식적으로 이루어지고, 학습은 문법을 의식적으로 배우는 과정임.	- 습득 : 자연스러운 대화나 환경 속에서 - 학습 : 문법 규칙을 의식적으로 이해
2. 입력 가설	학습자는 연재 수준(i) 보다 약간 높은 난이도(+1)의 **이해 가능한 입력 (i+1)**을 통해 언어를 습득 할 수 있음.	- 이해할 수 있는 내용이면서 도전적인 입력 제공
3. 자연 순서 가설	문법 규칙과 같은 언어 요소는 정해진 수서에 따라 자연스럽게 습득되며, 이는 외부적으로 바꿀 수 없음.	- 쉬운 문법부터 복잡한 문법 순서로 진행 - 학습 순서는 인위적으로 저정 불가
4. 모니터 가설	학습자가 의식적으로 익힌 문법 규칙은 실제 언어 사용과 그 수정에 있어서만 사용 됨.	- 수정은 정확성 향상에 도움 - 과도한 수정은 유창성 방해 가능
5. 정의적 여과 가설	학습자의 심리적 상태(동기, 자신감, 불안 수준)가 언어 습득에 큰 영향을 미침. 자신감이 높고 불안이 적을수록 더 효과적으로 학습함.	- 긍정적인 학습 환경이 중요 - 불안과 낮은 동기는 습득을 방해

첫째가 학습과 습득은 다르다는 것이에요. 학문적으로 연구하고 열심히 공부하고 하는 것을 '학습'이라고 하면, '습득'이라는 건 뭔가 체화되ㅁ고 자연스럽게 익혀지는 그런 느낌이라는 거에요.

주지후  Study와 Learning의 차이 같은 것이죠.

이윤규 사실은 우리가 러닝하고 스터디를 구별 안 하고 사는데, 이 두 개를 구별하는 게 이게 첫 번째고 두 번째는 Comprehensible Input 방식. '이해 가능한 입력 방식'이라고 하는데요, 기존의 나의 언어체계를 i라고 한다면 그것보다 살짝 수준이 높은 것, 텍스트를 봤는데 60~70% 정도는 아는 단어이고 나머지 20~30%가 모르는 단어일 때 그걸 읽는 것이 가장 효율적인 영어학습법이라는 얘기를 했어요. 심지어 '읽으면 끝난다.'든지 '읽는 게 영어공부의 끝'이라는 취지의 얘기를 하기도 했죠.

주지후 맞아요. Extensive Reading이라고 하죠. 그런데 이분의 말이 특히나 설득력 있게 느껴지는 게 본인이 스스로 이렇게 교육을 해봤기 때문인 것 같아요. 크라센 선생님은 단순히 이론가가 아니라 실제로 현장에서 영어를 가르쳐본 선생님이었어요. 이민자 가족을 만나서 영어를 전혀 못하는 아이들에게 영어를 가르쳐본 경험이 있으니까, 말 그대로 현장 데이터가 풍부했던 거예요.

보통 학자들 얘기 들어보면 '이렇게 하면 다 해결될 거야' 이런 식으로 말하는 경우가 많잖아요. 근데 크라센 선생님은 달랐어요. '해봤더니 이렇더라' 이런 식으로 말씀하셨죠. 그분이 제일 먼저 경험한 게 뭐였냐면, 아이들이 이해할 수 있는 수준의 말을 들려줬을 때만 다음 학습으로 이어지고 언어 습득이 된다는 걸 직접 눈으로 보신 거예요.

그래서 자기 이론을 만들었는데, 그게 바로 'i+1 theory'예요. 익스텐시브 리딩도 결국 이 이론에서 나온 건데, 쉽게 말해서 '이해 가능한 문장을 많이 보라'는 거죠. 어렵게 들릴 수 있지만 사실 단순해요. 이게 다 경험에서 나온 거라고 봐요.

실제로 여러 언어를 잘하는 사람들 보면, 타고난 재능이 있는 polyglot도 있지만, 직업 때문에 그렇게 된 분들도 많아요. 제가 특히 주목한 건 고고학자와 신학자들이에요.
고고학자야 현장에 가서 옛날 글들을 해독해야 하니 당연하다 치고, 신학자들은 좀 특별해요. 이분들은 종교 경전을 여러 언어로 된 걸 많이 접하다 보니까, 처음부터 문법 분석하고 그러는 것보다 훨씬 자연스럽게 언어를 습득하더라고요.
제가 아는 신학자 박사님들 중에는 10개 언어를 하시는 분들도 있어요. 놀랍죠? 근데 이게 가능한 이유가, 기본적으로 경전의 내용이 같으니까 거기서 언어만 계속 추가되는 거예요.
이게 바로 크라센 선생님이 말씀한 익스텐시브 리딩의 좋은 예라고 볼 수 있어요. 구약, 신약 다 합치면 문장이 어마어마하게 많거든요. 그걸 그리스어로 보고, 라틴어로 보고, 독일어, 프랑스어로 보고... 이러다 보니 자연스럽게 언어 실력이 는다는 거죠.
결국, 크라센 선생님 이론의 핵심은 '이해 가능한 입력'을 많이 받는 게 중요하다는 거예요. 그리고 이게 실제로 효과가 있다는 걸 신학자들이나 고고학자들의 사례를 통해 볼 수 있는 거죠. 이런 실제 사례들을 보면, 언어 학습에 있어서 이해 가능한 입력의 중요성을 정말 실감하게 돼요.

이윤규  자연스럽게 모듈이 많이 생기는 것이네요.

주지후 그렇죠. 결국 이게 다 모듈이 어마어마하게 만들어진 거예요.
그래서 크라센 선생님의 이론이 가장 현실적인 언어 습득 이론 중 하나라고 볼 수 있는 거죠.
다만 한 가지 특이한 점이 있어요. 크라센 선생님은 아웃풋, 즉 말하기나 쓰기에 대해서는 좀 보수적인 입장을 취하셨어요. 그분 이론의 핵심은 '인풋만으로도 충분히 언어를 유창하게 구사할 수 있다'는 거거든요.
이 부분에 대해서는 사실 학자들 사이에서도 의견이 좀 갈려요.

이윤규 재밌는 게 사람의 이론체계라든지 주장을 볼 때는 그 배경을 보면 더 이해가 잘 되거든요. 그런데 이분은 실제 영어를 가르쳐봤지만, 사실은 가르치는 게 제가 추측하기로는 아주 능동적인 형태로 가르치는 시절이나 환경은 아니었을 것 같아요. 70년대 것이거든요. 크라셴의 이론들은.
특히 이민자분들을 대상으로 가르치면서 많이 읽히고 "숙제 해왔어?" 이렇게 하다 보니까 가르친 사람들 영어가 늘었더라 이런 느낌이 있어요.

주지후 마음 읽어주고 이런 시대가 아니니까 그냥 앉혀놓고 읽게 했을 것 같아요.

이윤규 세 번째 가설은 "정의적 여과기" 가설이에요. "감정 여과기"라고도 하는데, 영어로는 Affective Filter라고 해요. 제 나름대로 해석을 해보면 읽기를 통해 들어오는 인풋이 감정, 정서라는 필터를 거치면서 상당부분 걸러질 수 있다. 크라셴의 취지랑은 별개로 저는 이렇게 이해하고 있어요. 두려움, 불안감, 자신없음 이런 것들이 공부에 큰 저해요소가 된다는 거죠.
저는 이 부분이 재미있었던 게 우리가 영어 공부한다고 그러면 뭔가 딱 짜여진 거 입력하고 그러면 될 것 같은데 그게 아니라 동기나 자신감도 되게 중요하잖아요? 영어공부 하는데 어려워서 불안감 느끼면 잘 안 된다 이런 것들, 이게 현장에서 영어 가르쳐본 분들이면 쉽게 느낌이 오잖아요. 교과서에는 나오지 않는 영어의 장벽이라고 해야 하나.

주지후 

사실 언어 학습에서 Anxiety Level, 즉 '불안정도'가 어마어마하게 영향을 많이 줘요. 정말 농담처럼 하는 진담인데, 술 마시면 외국어가 잘 되는 경우가 있어요.
그게 긴장도가 떨어져서 그래요. 다들 아시다시피 우리 전두엽에서 사실 변연계를 통제하지 않습니까? 근데 전두엽의 통제가 조금 이제 내려가니까, 틀려도 괜찮다는 생각으로 말하게 되는 거죠. 긴장도가 떨어지니까 술 드시면 외국어가 술술 나오시는 분들이 있어요.
과학적으로도 설명하자면, 알코올이 전두엽 기능을 일시적으로 억제하면서 언어 사용에 영향을 주는 거예요.

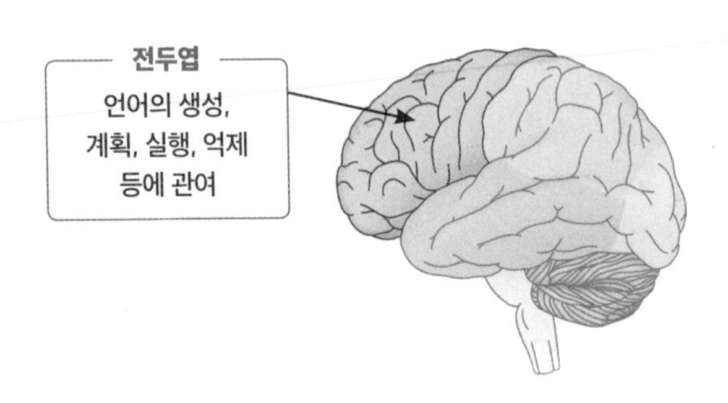

이윤규 실제로도 거기에 대해서는 사회과학의 연구가 있어요. 여키스-도슨 법칙이라는 게 있어요. 이게 뭐냐면, 예를 들어서 각성 상태가 떨어져 있어요. 이때도 수행능력이 안 나오고요. 각성 상태가 너무 높아도 수행능력이 안 나와요.

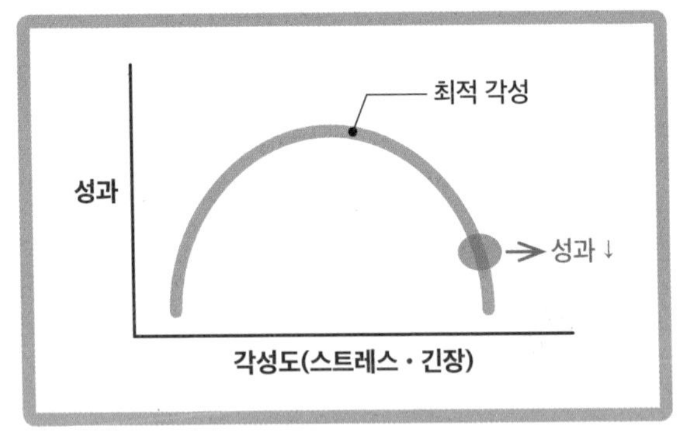

영어공부에 대입해 보면, 긴장을 해서 너무 각성상태가 높은 거죠. 긴장을 많이 하는 거. 이렇게 '불안해' '내가 이거 말 못하면, 틀리면 어떡하지?' '쪽팔리는데' …이러다가 술 먹으면 싹 긴장 정도, 각성 정도가 떨어지는 거예요. 이때 갑자기 영어가 확 튀어나오는 거죠. 머릿속에 있던 것들을 막고 있던 필터가 없어지는 그런 이미지랄까.

주지후 말하다 보면 틀린 것도 나오는데 오케이, 괜찮은 거죠. 여기서 또 볼 수 있는 게 사실 어린아이들의 언어 습득이 왜 유리한가에 대한 여러 가지 연구예요.

그래서 보면, Anxiety Level이 아이들은 없어요. 당연히 없겠죠. 모국어를 배우는 아이들 중에 긴장하는 아이는 없어요. 말 틀려도 괜찮다고 생각하죠. 그렇기 때문에 모국어를 배우는 과정은 성인이 외국어를 배우는 것과는 비교가 안 되는 거예요.

이런 점들을 보면, 우리가 외국어를 배울 때도 아이들처럼 편안한 마음으로 접근하는 게 중요하다는 걸 알 수 있어요. 실수를 두려워하지 않고 배우는 태도가 필요한 거죠.

이윤규 저도 어릴 때 영어가 조금 빨리 늘 수 있었던 게, 저는 외국인 보면 무조건 가서 말 걸었어요, 중학생 정도부터는. 실은 영어자체를 중학교 때부터 배우기 시작했어요 저희 세대는.

또 다른 예도 하나 있는데, 저 중국인 친구가 한 명 있는데 한국말을 너무 완벽하게 하는 거예요.

근데 물론 이 친구의 한국말이라는 건 문법적으로 완벽한 건 아니에요. 대학 친구인데 교수님이랑 식사하다가 "교수님 술 마셔." 이렇게 한다든지 높임말 같은 게 틀리고 그렇기는 하지만, 우리가 무슨 국어선생님이 아니잖아요, 그런 시각에서는 제가 볼 때 그 친구의 한국말은 완벽하다는 느낌을 줬거든요.

제가 그걸 보고 거꾸로 생각을 해봤어요. 이거는 내가 외국인한테 말할 때도 똑같은 느낌이겠다. 너무 문법적으로 완벽하게 하려고 하고, 못한다고 두려움 느낄 필요가 없겠구나. 그런 생각이 들더라구요.

그래서 그때부터 겁을 안 내고 그냥 편하게 영어로 얘기하는 걸 시도하기 시작했어요. 그래서 개인적 경험상으로도 정의적 여과막 그런 걸 낮춰주는 게 되게 중요한 것 같고, 교육심리학에서도 실은 이런 걸 '인지부하'라고 해서 다

롭니다.
'이해'라는 걸 중심으로 어떤 방해물이 있나 보는 거에요. 방해물을 '부하'라고 하거든요. 뭔가 새로운 걸 이해하는 건 힘들죠. 그 '힘든 것'을 본질적 부하라고 해요. 본질적으로 이해라는 건 힘들다. 내 배경지식이나 지능과 같은 인지적 자원과 관련된 개념이고, 이해의 대상이 어려울 때는 '내재적 부하'라고 해요. 수준 높은 학생도 이해하기 어려운 게 있을 수 있잖아요? 그리고 별로 어렵지 않은 것인데 그걸 습득하는 방법이 어려운 경우도 있어요. 알고 보니 별 것 아닌 것. 그런 이해의 대상이나 주체 말고도 어려움을 야기하는 외적인 환경이나 조건을 '외재적 부하'라고 해요. 공부법 같은 게 대표적이죠. 운전면허시험 같은 거 물론 굉장히 어려운 분도 계시겠지만, 대부분 사람들이 합격을 하는데, 그것조차 방법 모르면 처음에는 어렵죠. 이런 인지부하들을 적절하게 낮춰주는 게 중요한 것 같고, 정의적 여과막도 이것하고 비슷한 느낌이 있어요.
그리고 크라센에 또 애기했던 게 자연적 순서에 따라서 습득이 일어난다는 것이에요. 억지로 뭔가 인공적인 교육을 해서 습득이 일어나는 것이 아니고, 그래서 학교에서 단어 가르치고 문법 가르치고 백 날 해봐야 소용없고 학습자가 습득을 위해 자연스럽게 느끼는 과정 같은 게 있다고 보는 거에요. 예를 들어서 규칙동사와 불규칙동사 중에서 학교에서는 규칙동사를 먼저 배우잖아요? 그런데 실제 아이들을 보니까 불규칙 동사를 먼저 배우더라는 거에요.
이런 걸 비롯해서 습득의 실제 현장을 보면, 우리가 가르치는 방식과 별개로 실제의 학습이나 습득에는 또 다른 일정한 패턴들이 존재하고, 그것은 결국 자연스러운 순서, 감각을 벗어날 수가 없다는 거에요.
그 다음에 아까 학습하고 습득을 나눴잖아요. 습득을 통해 영어를 먼저 배우고, 학교 같은 곳에서의 학습, 모니터링의 과정을 통해 잘못된 점을 교정한다는 거죠.
저는 크라센이 영어 공부에 대한 감정적 장벽을 낮춰준 것이 굉장히 큰 성과라고 생각해요.

주지후

거기서 딱 한두 가지 정도만 제가 이렇게 좀 보충을 하자면, 사실 언어 관용도라는 게 사회마다 있어요. 근데 한국의 언어 관용도가 좀 낮은 편입니다. 이거는 어쩔 수가 없는 게 우리가 너무 단일 언어권 문화라서 이대로 너무 오래 살았기 때문이에요.

그래서 우리가 이제 한국말 서투르게 하는 사람들 보면, 요즘은 그래도 좀 나아졌지만, 여전히 좀 이상하게 보는 경향이 있잖아요. '어? 저 사람 어디 사람이야?' 이렇게 말이죠. 근데 상당히 많은 국가에서는 그 나라 말을 좀 서투르게 하는 사람들이 굉장히 흔해요. 특히나 국경이 많이 개방되어 있는 그런 나라들에서요. 그런데 여기에서 재미있는 질문 하나. 미국은 언어 관용도가 어떨 것 같으세요?

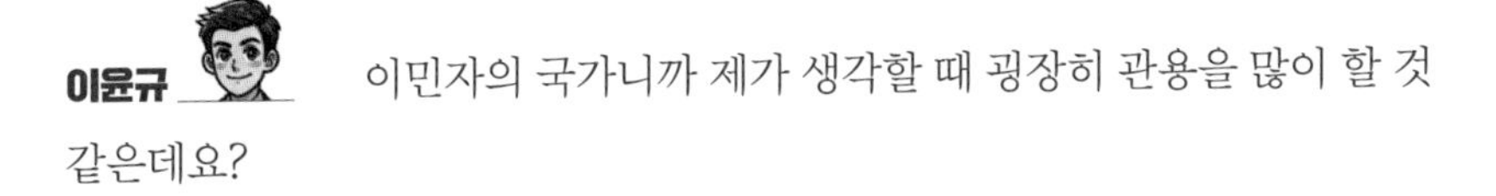

이윤규 이민자의 국가니까 제가 생각할 때 굉장히 관용을 많이 할 것 같은데요?

주지후 놀랍게도 사실 미국이 가장 언어적으로 배타적인 나라 중에 하나에요. 진짜요. 이거는 정말 많은 사회언어학자들이 동의합니다. 미국이 그렇게 된 데는 여러 가지 이유가 있어요. 1차 대전, 2차 대전을 겪으면서 그런 영향도 있었고요.

그래서 이제 우리가 아무래도 단일 언어권이고 언어적 관용도가 낮은 나라인데, 미국을 표준으로 생각하잖아요. 그러다 보니까 우리는 틀리면 큰일 나는 줄 알아요. 근데 여기에서 벗어나시는 것도 학습에서는 굉장히 중요합니다.

단적인 예로, 영어권 중에 다른 국가들, 뉴질랜드나 호주나 영국에서 공부했던 친구들 보면 발음이 정말 천차만별이에요. 그리고 거기에서 영어, 영어만을 가지고 차별을 받은 케이스가 미국보다 훨씬 적어요. 왜냐하면 거기는 정말 많은 방언이 존재하고, 그걸 되게 이상하게 생각하지 않거든요.

영국도 아시겠지만, 도시 하나 건너가면 말이 안 통하는 데도 있어요. 근데 미국은 서부에서 동부까지 이렇게 사람이 만나도 거의 통해요. 그러니까 미국이 언어 스펙트럼이 좁아요. 이게 좀 어떻게 보면 우리가 인지하지 못하는 것 중에 하나입니다. 놀랍죠?
그래서 미국의 언어학자들 중에 이제 그런 사회언어학적으로 미국의 언어적 배타성을 지적하시는 분들이 굉장히 많은데, 우리가 그걸 제대로 알고 있지 않으면 '원어민은 이렇게 얘기 안 한다더라' 이런 거 있잖아요. '원어민한테 땡큐 하면 큰일 난다' 이런 어그로들 많이 끌어요.
보면 그런 게 전부 다 그 공포를 이용한 마케팅이에요, 마케팅. 근데 그런 거에 너무 집착하시고 그런 거에 정신이 왔다 갔다 하시면 정말 힘듭니다. 그런 거에서 좀 중심을 지키셨으면 좋겠어요.
그리고 한 가지 더 말씀드리고 싶은 거는 언어든지 구어체는 불규칙적인 패턴이 많아요. 이게 어쩔 수가 없는 거예요. 구어체 중에도 가장 구어체... 아, 가장 많이 쓰는 말들은 가장 빨리 변해요.
그래서 예를 들면 우리가 일상에서 쓰는 말들은 사용 빈도가 워낙 높기 때문에 일반 규칙에서 좀 변형된 애들이 많고요.
이런 현상은 모든 언어에서 공통적으로 나타나는 특징이에요.
그래서 그런 약간 일상 회화에서 쓰는 표현들은 문법적으로 봤을 때 표준적이지 않은 것들도 있고, 약간 언어의 법칙으로 봤을 때는 납득이 안 가는 것들도 있고 하는 거는 영어만의 특징이 아니고 모든 언어의 특징이에요.

이윤규  통시적인 변화를 수반하는 거죠? 시간의 흐름에 따른 변화

주지후 

맞습니다. 그리고 이 일상에서 쓰는 말들이 한 번 불규칙화 되면요, 다시 규칙적인 것으로 안 돌아가요. 이게 바로 언어 변화의 흥미로운 특징 중 하나예요. 한 번 불규칙해진 표현은 대부분 그 상태로 유지되는 경향이 있죠.

이윤규 한국말에서도 요새 '멍멍이'라는 말 대신 '댕댕이'라는 말 엄청 쓰죠. 바람직한 것은 아니지만..

주지후
예를 들면, 그것도 포함되죠. 조금 다른 얘기이기는 하지만.
어쨌든 그래서 예를 들면 'go'의 과거는 'goed'도 아니고 'went'잖아요.
근데 이게 한 번 바뀌면 안 바뀌어요. 다시 regular로 바뀌기가 힘든 게, 아이들이 그 단어를 쓰는 연령대가 너무 어려요. 그러니까 아이들은 'go'의 과거는 당연히 'went'라고 생각을 하고 자라나는 거죠.
그리고 나서 커서 이게 뭐가 좀 이상하다는 생각을 했을 때는 이미 사회에, 이 언어권에 들어갔기 때문에 자기 아이한테도 'went'를 가르치게 되는 거예요.
이런 현상이 바로 언어의 불규칙성이 지속되는 이유 중 하나라고 볼 수 있어요. 언어 습득의 초기 단계에서 이미 불규칙 형태를 자연스럽게 받아들이기 때문에, 이후에 그것을 바꾸기가 굉장히 어려운 거죠.

이윤규 맞아요. 이거는 사실 자연과학 얘기긴 하지만 패러다임이 바뀌기가 쉽지 않은 게 맞아요.
패러다임을 지지하는 모든 사람이 절멸해야만, 그 죽어야만 패러다임의 전환이 일어나는데, 이렇게 거창하게 얘기하지 않아도 언어도 마찬가지의 사용양상을 보일 것 같아요.

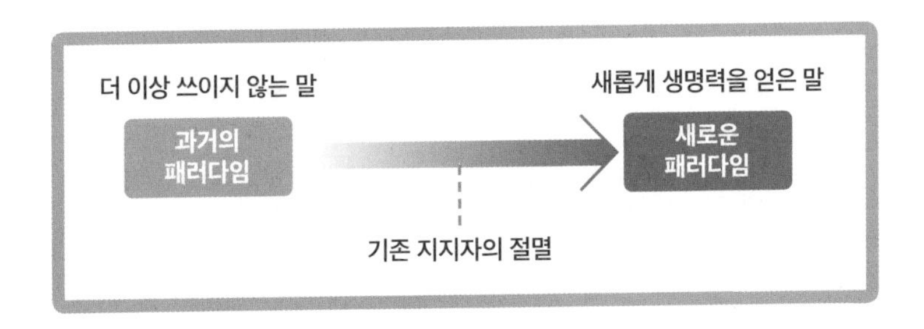

주지후 네 맞아요.

그래서 아마 영어를 연구해 보신 분들은 아시겠지만, 비교적 후대에 들어온 외래어에서 유래한 단어들일수록 표준 문법화됐어요.

오히려 오래 쓴 단어들은, 전부는 아니지만 상당수가 불규칙이에요. 굉장히 재밌는 현상이죠.

근데 이거 제가 왜 말씀드리냐면요, '당신이 학교에서 배운 것은 아무짝에도 쓸모없다' 이런 말 있잖아요? 이걸 이용해서 하는 마케팅이 많아요.

근데 그게 아니에요. 시스템 위주로 가야 하는 언어는 포멀하고 격식 있는 영어고 학술 용어예요. 이건 분명히 중요합니다.

하지만 우리에게는 그 영어도 있어야 되고, 일상에서 바에서 하는 영어도 있어야 돼요. 다양한 상황에서 쓰이는 여러 종류의 영어가 다 필요한 거죠.

그러면 둘 다가 중요할 수는 있지만, '이것은 쓸모가 없고 저것만 쓸모 있다' 또는 거꾸로 '이것만 쓸모 있고 저것은 쓸모 없다'라고 주장하는 건 전형적인, 정말 비학술적인 마케팅 기법이에요.

그래서 저는 사람들이 그런 주장에는 좀 현혹되지 않았으면 좋겠어요.

이윤규 어떻게 보면은 전체적으로 2개의 체계가 있다고 생각할 수 있겠어요.

하나는 포멀한 것이고 다른 것은 인포멀한, 비격식적인 것인데, 포멀한 것이 어떻게 보면 우리가 좀 더 학교에서 많이 배웠거나 한 것이고, 직업적인 삶을 추구한다면 이쪽이 더 맞을 수도 있을 것 같아요.

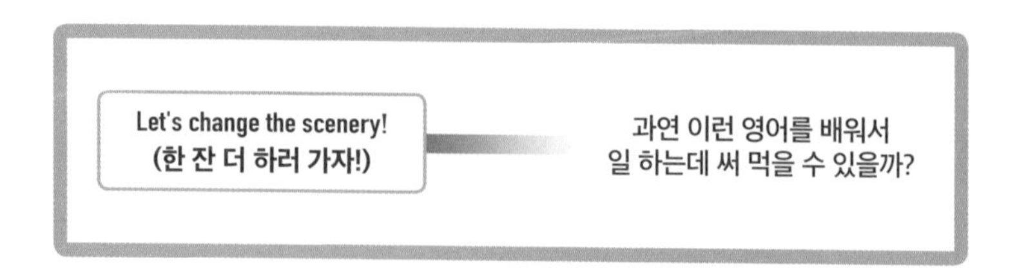

주지후

거꾸로 제가 사람들한테 물어보고 싶은 게 있어요. 학교에서 술집에서 쓰는 영어를 가르치는 게 과연 맞을까요? 예를 들어, '2차 가자!'라는 표현을요. 저는 그게 더 웃기다고 생각합니다.

물론 우리의 그동안 70여 년 이상 된 교육 과정에서 구어와 그다음에 일상적인 상호작용을 위한 영어가 너무 부족했어요. 그건 분명히 문제였죠. 하지만 그렇다고 해서 우리가 교과서에서 배운 영어가 다 이상한 건 아니에요.

중요한 건 이 둘을 구분할 수 있는 안목이에요. 그런 안목이 있어야 주체성 있게 공부를 할 수가 있어요.

우리 교육과정의 문제점을 인식하는 것도 중요하지만, 그렇다고 해서 기존의 모든 것을 부정하는 건 바람직하지 않아요. 오히려 균형 잡힌 시각으로 접근해야 합니다.

예를 들어, 학술적이고 격식 있는 영어는 여전히 중요해요. 이런 영어는 복잡한 아이디어를 정확하게 전달하는 데 필수적이죠. 동시에 일상적인 대화에 필요한 영어도 배워야 해요.

하지만 '술집 영어'같은 극단적으로 비격식적인 표현을 학교에서 가르치는 건 적절하지 않죠. 이런 표현들은 실제 생활에서 자연스럽게 익히는 게 더 효과적일 거예요.

이윤규 그렇게 보니까 유튜브 같은 곳에서 영어공부라고 해서 최근 한 3~4년 정도에 유행했던 것들이 대부분 인포멀한, 비격식적인 것이네요. 학교에서는 가르쳐 주지 않았던 것들. 이게 뭔가 "진짜 영어다!"라고 하는 암묵적인 메시지들이 담겨 있는.

예를 들어서 길 가다가 어깨 부딪혔을 때 교과서에 나오는 'Are you alright?'이 아니라, 'You're good?' 이라고 한다든지.

주지후

그렇죠. 이 부분에 대해서는 좀 조심하셔야 될 게 있어요. 사회에서 영어라는 도구를 가지고 내가 사회적 가치를 인정받을 때, 글쎄요... 제 생각에는 'Are you alright?'이라고 하는 정도의 일상 영어는 아마 문제가 안 될 거예요.
오히려 거꾸로 영어로 글을 쓰고 읽는 걸 제대로 못하는 사람은 외국인으로서는 사실 별다른 가치가 없다고 봐요. 왜 그럴까요? 일상 영어나 힙한 영어를 자유롭게 구사하는 사람은 세상에 너무 많이 널렸거든요.
그런 원어민들은 세상에 너무 많기 때문에, 내가 외국인으로서 그런 종류의 영어만 배워서 경쟁력을 갖는다는 건... 저는 그게 좀 이상한 생각이라고 봅니다.
결국, 우리가 외국인으로서 영어 실력으로 진정한 가치를 인정받으려면, 단순히 일상회화를 넘어서는 뭔가가 필요하다는 거죠. 학술적인 영어 능력이나 전문적인 글쓰기 능력 같은 것들이 더 중요할 수 있어요. 이런 능력들이 실제로 직업 세계나 학술 분야에서 더 큰 경쟁력을 만들어낼 수 있거든요.
물론 이건 제 개인적인 견해예요. 하지만 영어 공부를 할 때 이런 점들을 한 번 고려해보면 좋겠어요. 단순히 '힙한' 영어를 구사하는 것보다는, 여러분의 전문 분야에서 쓸 수 있는 깊이 있는 영어 실력을 키우는 게 더 중요할 수 있다는 거죠.

이윤규 어떻게 보면 길을 잘못 드는 것일 수 있겠네요.

주지후 우리가 정말 사회적으로 잘 생각해 봐야 될 문제예요. 우리의 영어공부가 어디로 가고 있는가.

9. 영어공부에 감정까지 활용해야 하는 이유

허버트 푸치타 '감정이 영어를 만든다'

이윤규 허버트 푸치타는 제가 느낄 때 분류상으로는 맥락적인 학습법으로 분류되는 마지막 학자에요. 이분이 여러 가지 얘기를 했지만은 특히 기억에 남는 것은 감정이 습득과 관련이 있다는 것이에요. 즐거움, 흥미, 두려움과 같은 감정이 학습의 일부로 들어와야 한다는 거에요.

그런데 실은 이것은 언어학적으로만, 영어공부로만 그런 것은 아니에요. 원래 뇌과학상으로도 당연한 것이에요. 감정이 기억을 만들어 내는데 큰 역할을 하거든요. 왜냐하면 뇌는 엄청난 '효율충'이에요. 현상유지편향이라는 게 있어요. Present quo bias. 우리가 이성적이고 싶고 훌륭한 사람이 되고 싶고 자기계발 하고 그렇지만 우리가 원래 가진 본성은 그것과 달라요.

'살던 대로 살아라.' 이게 우리 본성의 가장 기본적인 명령이에요. '살던 대로' 라는 것은, 뇌의 OS에 생존에 가장 적합한 에너지를 쓰게끔 세팅이 되어 있다는 의미에요. 기존에 살던 방식대로 살아도 문제가 없었다는 게 각인되면 그냥 변화없이 쭉 그대로 살게 되는 거죠.

기억, 그 중에서도 장기기억을 관장하는 게 해마인데, 해마는 감정을 컨트롤하는 변연계의 일부에요. 해마는 생존과 관련된 것들만 장기기억으로 바꾸어서 저장해줘요. 예를 들어 어두운 곳에 갔더니 맹수가 나오더라 이런 경험. 엄청난 공포를 통해 뇌에 맹수의 존재를 기억시키죠. 새빨간 버섯을 보니 맛있어 보인다 어떻게 할까? 슬쩍 먹었더니 엄청나게 고생하고 죽을 뻔 했다. 이런 걸 기억 못하면.. 생존에 부적합하게 되죠. 두려움, 불안, 분노, 즐거움, 이런 기본적인 감정들이 기억와 밀접한 연관이 있는 이유에요. 결국 감정이나 기억은 생존을 위한 도구라고 할 수도 있는 거죠.

주지후 언어는 감정이 실제로 어마어마하게 영향을 미치는 영역이에요. 지금 많은 진화생물학자들, 인류학자들, 언어학자들이 협업해서 연구하고 있는데, 언어야말로 정말 감정의 표현이라고 볼 수 있죠.

감정과 언어는 애초에 인간 문화의 산물이에요. 그리고 이 언어가 쓰이는 환경을 생각해 보면, 흥미로운 점이 있어요. 침팬지가 아닌 우리 인간의 조상들은 서로 털을 골라주는 대신 뭘 했을까요? 바로 노래를 하고 수다를 떨었다는 거죠.

그러면서 우리가 이걸 감정적으로 즐기고 기분이 좋아지니까, 언어가 쭉 살아남고 진화해 왔다고 볼 수 있어요. 이게 바로 언어학자들이 말하는 '언어의 진화'예요.

그러다 보니 이런 현상이 나타나요. 내 감정이 좋은 상태이면 그 언어는 굉장히 잘 흡수가 됩니다. 물론 공포스러운 상황에서 접한 것도 기억에 잘 남긴 하겠지만, 그게 좋은 학습 환경은 아니겠죠.

그래서 저는 학습 자료를 구하실 때는 여러분들이 주체적으로 나의 흥미에 맞춰서 고르시는 게 되게 중요하다고 생각해요. 사실 보면 '옆집에서 이거 해서 영어 잘했다더라'라는 말을 많이 들어요. 근데 그건 그 옆집 아이의 취향일 뿐이에요. 그리고 '네 친구가 이걸로 했는데 영어 잘했다더라'라는 말도 마찬가지죠.

저는 이런 식으로 선택하는 게 철저하게 내 감정을 무시하는 거라고 생각해요. 대신에 내가 흥미 있어 하는 주제를 처음 스타팅 포인트로 잡고 어학을 하시는 것, 이게 방법론적으로 100% 옳다고 생각합니다.

이윤규 

맞습니다. 앞서 얘기한 크라셴의 '자연적인 순서에 따른 습득'도 이런 부분과 관련이 있어요. 엣킨슨의 '성취동기이'론이나 '인지부하이론'과도 관련이 있는데, 내가 즐거움을 느끼지 못하는 것들, 더 나아가서 싫고 지루하고 재미없다는 감정을 느끼는 것들로 그 세세한 내용들을 기억에 남길 수 없어요. '아 이건 정말 더럽게 재미가 없구나!'하는 감정은 '영어공부를 하고 싶지 않다'는 기억하고만 연결되죠. 공부의 문턱을 넘지 못하고 강렬하게 안 좋은 감정과 기억만 남는거죠. 그걸 극복하려면 재미를 찾아야 해요. 막 엄청난 재미보다는 소소한 재미. 뭔가 해보고 싶은 마음이 들게 하는 것. 이걸 교육학 쪽에서는 '자기주도학습'의 핵심적인 포인트로 보는 것 같아요.

푸치타는 유년기에 읽었던 흥미로운 서사나 고무적인 이야기, 극단적으로 부조리한 이야기 이런 것들을 영어학습의 도구로 삼으라고 얘기하고 있는데, 그것 외에도 푸치타의 이론은 영어를 사용하는 실제의 환경, 상황 등을 조성하거나 상상하면서 공부하는 것도 굉장히 중요하다는 점을 시사해요. 그냥 패턴회화 이런 걸 쭉 읽는 게 아니라, 구체적으로 상상을 해서 내가 그걸 어떤 상황에서 어떻게 쓸지, 내가 어떤 감정이든 감정을 쏟을 수 있는 그릇부터 만들어 놓고 공부로 돌입하는 게 중요하다는 거에요.

감정이 풍부하다는 것은 정보와 기억이 많다는 것이거든요. 정보가 많다는 것은 판단을 정확하게 해준다는 의미가 됩니다. 흐릿한 판단기준으로 공부하는 사람과, 감정적으로 몰입할 수 있는 상황을 만들어 놓고 공부하는 사람은 결과에서 차이를 보일 수밖에 없어요.

이렇게 보면 '오잉 요건 맥락화랑 비슷한 거 아닌가?' 이런 생각이 드실 수도 있는데, 정확합니다. 원래 기억을 위한 맥락이라는 게 2가지가 있어요. 감정적이고 정서적인 맥락이랑 이성적이고 논리적인 맥락이에요. 통상은 이성적이고 논리적인 맥락을 이용하지만, 푸치타는 감정적이고 정서적인 맥락, 그 중에서도 긍정적인 정서를 이용한 공부법을 소개해준다고 정리할 수도 있을 것 같아요.

10. 가장 좋은 영어공부법은 바로 '사용'

메릴 스웨인 '아웃풋이 영어 습득에 필수적'

이윤규 저희가 지금까지는 인풋을 중시하는 그런 기조를 다뤘다면, 메릴 스웨인 같은 분은 이제 아웃풋이 중요하다, 언어의 생산이 중요하다라고 얘기를 해요. 여기서부터는 기존의 학자분들하고 느낌이 좀 다를 거에요. 그리고 아웃풋을 중시하는 분들이 대부분 무슨 얘기를 하냐면요. 사람이 자기 스스로를 보고 스스로 교정하는 거 되게 어렵거든요. 메타인지가 잘 안 되는 거에요. 그러니까 제가 느낄 때 크라센이 얘기하듯 습득과 학습을 구별해서 모니터링하는 것은 굉장히 우수한 학생들만 가능한 것 같아요. 실제 그 정도의 인지 에너지를 못 쓰거나 인지도구를 활용하지 못하는 사람들은 다른 사람이 교정하고 모니터링해주고 할 필요가 있죠. 상호작용, interaction이라고 하죠. 상호작용이 중요하다는 말이 구체적으로 어떤 뜻이냐면, 언어가 집단과 교육을 통해 다음 세대로 전승되는 과정에서 발전을 해오는데, 이 과정에서 특히 아웃풋을 중시하는 분들의 핵심적인 사상이 바로 일단은 내가 써보고 그 다음에 타인, 집단, 교육 등을 통해 수정을 하는 것이에요.

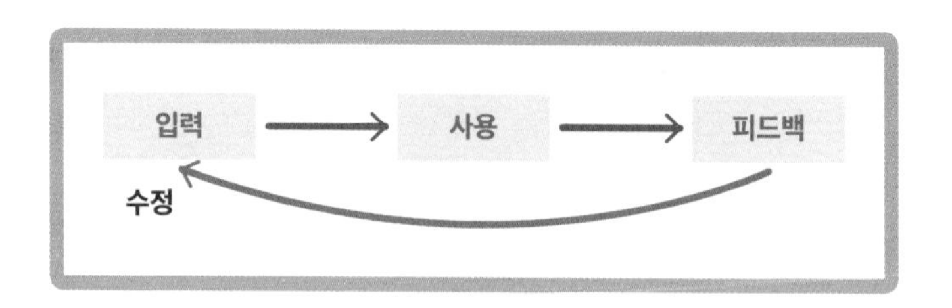

주지후 사실 모국어를 배우는 과정이 정확하게 그런 과정이에요. 아이들이 언어를 배울 때를 생각해보세요. 그들은 계속해서 피드백을 받으면서 자기가 세웠던 가설이 맞는지 틀린지 실험하는 과정을 거치죠. 이게 바로 모국어 습득 과정이에요.
그리고 제가 보기에는 외국어도 이와 크게 다를 수 없어요. 왜 그럴까요? 우리가 어떤 표현이 특정 상황에서 쓸 수 있는 건지 알려면 결국 아웃풋을 해야 하거든요. 그렇게 해서 피드백을 받는 거죠.
당연히 이런 식으로 배우는 것이, 어떻게 보면 내가 적절한 언어를 구사하는 데 있어서는 필수적으로 거쳐야 될 과정이라고 봅니다. 우리가 언어를 배울 때, 특히 외국어를 배울 때도 이런 과정을 거치는 게 중요해요.

이윤규 맞아요. 아웃풋과 피드백, 상호작용의 면 외에도 조금 더 얘기를 해보고 싶은데, 스웨인은 특히나 말하기나 쓰기를 통해 자신이 알고 있는 '언어구조를 내면화'하는 게 중요하다고 하는데요. 여기에 대해서 조금 더 설명을 하자면, 언어라는 것은 그 기원을 따져 들어가면 구성원리 같은 것이 있겠지만, 현대에 사용하는 사람, 처음으로 습득하는 사람 입장에서는 그걸 사실상 알 수가 없죠. 불가능해요. Company이런 단어가 어디서 왔고 원래 무슨 뜻이었다 이런 걸 알면서 외우고 습득하는 게 아니죠.
일단은 이걸 반복하면서 단기기억에 넣어요. 그리고 반복을 하다보면 강화된 단기기억이 돼요. 뭔지는 모르지만 사용할 수 있게 되는 상태? 그러다가 이제 이것을 다른 상황에서 사용을 해보면 자기 것이 되어요. 특수한 조건이나 상황 속에서 반복을 하는 게 아니라, 그 단어나 문법 같은 걸 습득한 상황과 다른 상황 속에서 써보는 거죠. 스포츠 심리학에서는 '무선연습(Random Practice)'라고 해요. 특정한 맥락 속에서 취득한 정보를 다른 상황에서 써보면, 이제 내 인지구조가 움직이기 시작해요. 속된 말로 머리를 굴려야 한다는 거죠. 이 과정에서부터 장기기억이 만들어져요. 한국말을 영어로 바꿔 보기도 하고, 기존에 알던 다른 것들에서 유추해 보기도 하고 그러면서 강화된 단기기억이 비로서 장기기억이 되는 거에요. 스웨인은 이 점을 짚은 것이고, 아웃풋 가설을 주장한다고 해서 인풋이 중요하지 않다 이런 뜻은 아닌 것 같아요. 강조하는 포인트가 다를 뿐.

11. 상호작용을 통해 영어공부가 완성된다

마이클 롱 '상호작용 없이는 영어를 익힐 수 없다'

이윤규 영어공부법에 대해 비교적 최근 분으로 분류되는 분이 마이클 롱이에요. 상호작용의 중요성을 이야기 하는 분이죠. 언어의 본질상 내가 혼자 뭔가 공부하고 익히고 그런 것 보다, 다른 사람의 피드백 같은 것을 통해 익히는 것이 더 효율적이라는 것이죠.

그런데 이렇게 영어공부에 대한 여러 시각들을 쭉 모아 놓고 보면, 하나하나 다 굉장히 설득력이 있고 깊이도 있고 그렇지만, 역시 비슷한 흐름을 보인다는 점은 인정하지 않을 수가 없을 것 같아요.

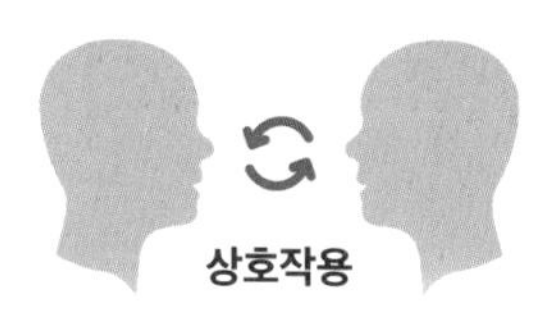

주지후

흐름상으로 보면 유사한 것 같아요. 맞아요. 이게 사실 인풋 아웃풋 이렇게 약간 대립하는 형태로 가다가 결국은 이제 마지막에 둘 다 다 이렇게 얘기를 하게 되잖아요. 그래서 그런 이제 전반적으로 아우르는 그런 이론이라고 볼 수가 있겠죠.

이윤규 영어공부는 '인터랙션(interaction)'을 통해서, 일단 발화를 하고 상대방의 즉각적인 피드백을 수용하는 형태로 자꾸 발전하고 나아간다. 그런 형태인데, 지금은 또 과거하고는 느낌이 많이 달라진 게 요즘에는 AI를 통해서 진짜 편하게 피드백을 받을 수 있잖아요.

주지후 어마어마한 일이죠. 사실

특히나 AI의 언어 능력이 정말 높아진 것 같아요. 제가 최근에 이용해 봤을 때는, 저뿐만 아니라 제 원어민 친구들보다도 AI가 더 잘하더라고요. 훨씬 잘해요. 영어도 우리말도 훨씬 잘하고요.
그래서 글쎄요, 이제는 그 언어적 능력은 AI가 충분히 인간 이상으로 구현하지 않나 싶어요. 물론 AI는 사람처럼 감정은 못 느끼죠. 그래서 서로 인터렉션하는 느낌은 덜하겠지만, 그래도 피드백을 즉각 받을 수 있다는 점에서는, 아마 지금 인공지능 시대에 학습자들은 엄청나게 축복받으신 거라고 생각합니다.

이윤규 AI의 역할은 좁은 의미의 인터렉션에만 한정되는 것도 아니죠. 챗GPT 같은 걸 이용하면 독해지문 같은 것 번역은 일도 아니고, 문법사항 같은 걸 추출해달라고 할 수도 있고, 유의어를 찾아달라고 할 수도 있고 문제를 만들어 달라고 할 수도 있죠. 감정적으로 공감을 해준다거나 막 재미가 있고 그런 것은 아니지만, 영어선생님으로서는 정말 훌륭한 도구인 것 같아요. 작문한 걸 고쳐달라고 한다든지, 내가 잘 모르거나 틀린 부분들에 대한 연습문제를 만들어 달라고 한다든지 정말 무궁무진하게 활용이 가능하죠.

> **"English is perfecting through interaction."**은 문법적으로 틀렸습니다. 그 이유는 동사 **"perfect"**를 이런 문맥에서 진행형으로 사용할 수 없기 때문입니다.
>
> **문제가 되는 이유**
>
> **1. "perfect"의 동사 의미**
> - **"perfect"**는 동사로 사용될 때 **'완성하다'** 또는 **'완벽하게 만들다'**라는 의미를 가집니다.
> - 이 동사는 보통 **상태(stative verb)**를 나타내며, 진행형(-ing)으로 잘 쓰지 않습니다.
>
> **2. 진행형(-ing)의 부적절성**
> - 진행형은 보통 동작이나 변화를 나타내는 **동작 동사(action verb)**에서 사용됩니다.
> - 그러나 **"perfect"**는 상태를 나타내므로 **"perfecting"**이라는 표현은 어색하게 들립니다.

이 정도까지 오면, 상호작용이라는 것의 정의를 조금 다른 각도에서 볼 필요도 있다는 생각도 들어요. 보통은 사람과 사람 사이의 소통 같은 것을 의미하지만, 그 사람이 만들어 둔 하나의 시스템, 지식체계 같은 것도 적어도 이 인터렉션을 강조하는 영어공부법에서는 '다른 사람'처럼 보아야 하는 것 같아요. 엄청나게 똑똑한, 거의 걸어다니는 백과사전 같은 사람이랑 언제든 내가 필요할 때 인터렉션 할 수 있다. 이 이점에 대해서 더 많이 인지가 되어야 할 것 같다는 생각이 듭니다.

12. 의사소통이 영어공부의 키

줄리안 데이킨 '의사소통 능력을 다듬는 것이 바로 영어공부'

이윤규 아웃풋 쪽에서는 의사소통능력을 특히 강조하는 분이 있어요. 사실 여기까지 오면 접근법이 굉장히 합쳐지는 느낌이 있어요. 줄리안 데이킨 같은 경우는 '의미 있는 연습(Meaningful Drills)'이라고 해서 언어사용과 의사소통을 강조했어요. 그러면서도 맥락을 통해서 습득을 해야 되고 어느 상황에 어떤 걸 해야 된다는 얘기를 당연한 전제로 하거든요. 이건 크라센이 했던 얘기와 굉장히 비슷하죠. 책을 읽다 보면 맥락을 통해 단어도 습득하고 문법도 습득하고 이후에 다른 사람을 통해 인터렉션하고 피드백을 거쳐야 한다고 그러는 것이거든요.

그것 말고도 '의미 없는 연습(Meaningless Drills)'는 효과가 떨어지고 '의미 있는 연습'의 중요성을 강조했다든지, 그걸 '실제적용연습(Comprehensible Exercises, Production Exercises)'을 통해 내면화 시키는 설명을 했다든지 하는 것까지 합쳐서 보면 더욱 그런 느낌이 커지는 것 같습니다.

줄리안 데이킨(Julian Dakin)의 주요 개념 정리

개념	설명
Meaning Drills (의미 있는 연습)	단순히 기계적으로 반복하는 연습이 아니라, 의미 있는 의사소통을 중심으로 한 연습.
Comprehensible Exercise (이해 가능한 연습)	학습자가 언어 입력을 충분히 이해한 후 이를 표현하도록 설계된 활동.
Refining Communication (의사소통 다듬기)	언어 학습은 의사소통 능력을 지속적으로 개선하고 다듬는 과정.
Focus on functionality (기능성에 중점)	실제 상황에서 언어를 기능적으로 사용하는 데 중점을 둠.
Learner-Centered Approach (학습자 중심 접근법)	학습자의 필요와 상황에 맞춘 연습을 통해 몰입도를 높이는 학습자 중심 접근.

근데 데이킨의 이야기는 영어학습법 보다는 조금 핀트를 달리해서 이해를 해 보고 싶은 부분도 있어요. 영어라는 것은 언어잖아요? 그리고 언어는 다름아닌 의사소통의 도구거든요. 데이킨이 정말로 전달하고자 하는 것은 뻔한 얘기보다는, 기능적으로 학습을 해야 한다는 점인 것 같아요. 요청이나 제안, 설명 같은 상황들에서 쓰는 표현들이 미묘하게 다르잖아요? 또는 여행을 간다든지 병원을 간다든지 할 때 쓰는 말들도 대부분 정해져 있으면서 서로 구별되고요. 데이킨이 강조하는 방법론이 가장 잘 적용된 것이 바로 상황별 회화책인 것 같아요. 여행용이라든지 뭐 다양하게 있잖아요. 다만 이런 도구들은 이미 충분히 많이 있는데, 이제 여기서부터 진짜 문제가 시작되는 부분도 있는 것 같아요. 일어나지도 않은 상황을 가지고 공부하는 게 동기부여면에서 충분한가 하는. 일단은 최대한 그 상황들을 상상하면서, 매우 구체적으로 내가 그 상황에 처해 있다고 생각하고 공부해야 한다는 건 지금까지의 대화를 통해서는 당연한 것인데, 그렇다고 재미있고 흥미있는 것만 하기는 또 그렇잖아요?
그래서 간략하게 정리를 해보면 두 가지 정도로 얘기를 할 수 있을 것 같아요. 상황별 회화책 같은 게 있다면, 처음부터 끝까지 다 보는 것은 중요하다. 다만 보는 순서는 내가 흥미가 가는 것부터 보아야 한다. 지금까지의 얘기를 토대로 데이킨의 이론을 한국에서의 영어공부에 적용하면 이런 형태가 될 것 같네요.

13. 실제로 어떻게 사용되는가를 아는 것이 영어공부

마이클 스완 '실제 말이 어떻게 사용되는지를 아는 것이 더 중요하다'

이윤규 언어사용이라는 측면에서 굉장히 인상적인 분이 또 있어요. 마이클 스완이에요. '옥스포드 실용어법 사전'이라고 있거든요.

주지후 그 책이 참 재미있죠. 저도 열심히 봤습니다.

이윤규 그렇죠. 참 재미있는 책인데, 예를 들어 Begin, Start 둘 다 '시작하다'는 뜻이거든요. 근데 이 책을 보면 격식체에서는 Start 대신 Begin을 쓴다고 설명해요. 우리가 알고 있던 기존의 시스템적인 문법과 아주 정형적인 말에서 벗어나서, 또는 함께 아우르면서 그 미묘한 뉘앙스 차이를 가르쳐 주는 책이에요.
역시 여기서 보면은 아까도 말씀을 하셨지만, 언어라는 것은 그 맥락과 시대에 따라서 자꾸 발전하고 변화하는데 이것을 한 시대를 놓고, 공시적으로 이런 자료를 만드는 건 정말 대단하다고 느껴져요.

주지후 그렇죠. 그게 어떻게 보면은 약간 그분이 하신 작업 자체가 제가 알기로는 중세 때부터 있었어.

이윤규 중세 때부터 있었어요?

주지후 이게 참 재미있는 이야기인데요, 중세 시대에도 교양이나 사교를 하려면 라틴어를 해야 했어요. 그때는 라틴어가 일종의, 뭐랄까요, 상류

층의 언어였죠. 마치 18세기에 프랑스어가 그랬던 것처럼 말이에요.
그래서 말인데, 에라스무스라는 유명한 학자가 집필했던 책 중에 재미있는 게 있어요. 뭐냐면, 술집에서 쓰는 라틴어 장면도 있다는 거예요. 놀랍지 않나요? 누군가 이걸 들으면 '아, 이런 게 인류 역사에서 되게 오래됐구나'라고 생각할 텐데요. 한 가지 기억하시면 좋겠는 게 있어요. 그 책을 읽는 사람들, 그러니까 그 시대에 이런 책으로 사교를 배우려 했던 사람들은 이미 라틴어로 글을 읽고 쓰는 걸 아주 무난하게 하는 사람들이었다는 거예요. 그 책을 읽는 사람들은 라틴어로 글을 읽고 쓰는 걸 아주 무난하게 하는 사람들이 그 책을 읽고 사교를 한 겁니다. 그래서 그거를 와전시키면 안 돼요.

이윤규 기본적으로 영어공부는 정형적이고 시스템적인 바탕에서 시작되죠. 그런데 내가 기본적인 단어들의 뜻도 잘 모르면서 여기서 파생되는 수많은 사용법이나 미묘한 늬앙스 그런 것들은 익히는 경우에는 오히려 혼란도 가중될 수 있을 것 같다는 생각도 들어요.

주지후 솔직히 말씀드리면, 그 시대에 단순히 라틴어로 '오늘은 내가 살게'라고 말하고 그 뒤에 아무 얘기도 못한다면, 그 사람은 교양인으로 취급받지 못했을 거예요.
그게 무슨 뜻이냐면, 진정한 교양인으로 인정받으려면 그 한마디로 끝나는 게 아니라 그 뒤에 더 깊이 있는 대화가 이어져야 했다는 거죠. 예를 들어, 로마의 철학자 세네카의 시를 라틴어로 읊거나, 아니면 최소한 성경 구절을 라틴어로 인용하고 그 의미를 논할 수 있어야 했던 거예요.
이런 식으로 해야 그 당시에 제대로 된 사교를 할 수 있었던 겁니다. 단순히 몇 마디 할 줄 아는 것을 넘어서, 그 언어로 표현된 깊이 있는 지식과 사상을 이해하고 토론할 수 있어야 했다는 거죠.
이게 우리에게 시사하는 바가 정말 크다고 봅니다. 지금도 마찬가지 아닐까요? 우리가 술마시려고 영어 배우는 게 아니잖아요. 그런데서 영어 몇 마디 할 줄 안다고 해서 진짜 영어를 한다고 할 수 있나요?

이윤규 참 공부할 게 많아지기는 하지만, 영어공부에 있어도 기본은 참 중요한 것 같네요. 그 바탕 위에서 변용되는 것들을 익혀 나가는 것이 더 바람직할 것 같다.

14. 추상적인 것과 구체적인 것을 조합할 것

에드가 데일
'추상적인 것과 구체적인 것을 조합하는 것이 최고의 영어공부법'

이윤규 기본적이고 추상적인 시스템에서 구체적으로 사용되는 미묘한 형태까지 공부가 나아가는 것. 이런 얘기를 하다보니 저는 에드가 데일이 바로 떠오르거든요. '경험의 원추'라고 삼각형이 있어요. 가장 언어적이고 추상적인 것들이 삼각형 맨 위에 있어요. 단어나 문법 같은 것들이 여기에 해당하겠죠. 반면에 실제대화라든지 금방 얘기한 미묘한 용법들, 이런 것들처럼 직접 내가 경험하는 구체적인 것들은 삼각형 밑으로 내려가야 나오는데, 데일은 이런 추상적인 것과 구체적인 것을 적절하게 조합할 필요가 있다는 걸 강조해요.

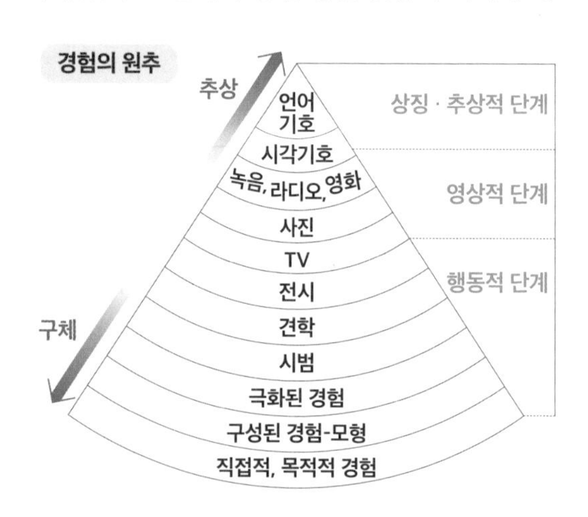

근데 아까 말씀하신 것처럼 어떻게 보면 실용어법 같은 것들은 정말 변형도 많이 일어나고 현장에서 체험하면서 배우는 거고 그러다 보니까 내가 이것을 직접 써보면서 하나하나 개별적으로 습득하거든요. '아 이때 이 표현을 쓰는구나' 이런 느낌이 참 실용적이기도 하고 뭔가를 제대로 알아간다는, 정확히는 정말 영어의 현장에서 쓸 수 있을 것 같은 느낌이 들게 되죠. 그런데 이런 방식의 취약성이 전체적인 틀이나 구조, 시스템, 체계가 잘 안 만들어진다는 점이에요. 규칙을 발견하기 어렵다고 해야 하나.

주지후 그렇죠, 그렇죠. 제가 보기에는 언어라는 것이 참 재미있어요. 왜냐하면 일반성도 있어야 하고, 동시에 특수성도 있어야 하거든요.
무슨 말이냐면, 한편으로는 특정 맥락에서만 통하는 표현이 있어야 해요. 이게 바로 언어의 특수성이죠. 반면에 어떤 상황에서도 일반적으로 쓸 수 있는 기본적인 표현들, 이런 것들이 밑바탕에 잘 확립되어 있어야 해요. 이게 바로 언어의 일반성이고요.
그래서 영어공부하시는 분들께 조언을 드리자면, 우선은 그 기초를 정말 튼튼하게 다지셨으면 좋겠어요. 그리고 나서 중급 이상으로 넘어가시면서 각각의 맥락마다 조금씩 다른 뉘앙스라든가, 이런 것들을 익히시는 거죠. 이렇게 하시면 언어 실력 향상에 크게 도움이 될 거라고 봅니다.
이런 언어의 특성을 정말 잘 다루는 분들 중에 빌 브라이슨이라는 유명한 저자가 있어요. 혹시 들어보셨나요? 그런 책들은 대부분 중급자 이상의 언어 학습자들에게 크게 도움이 돼요.

이윤규 '언어의 탄생' 쓰신 분이죠? 인간이 개와 달리 후두가 낮아져서 말을 할 수 있다는 얘기가 기억나네요. 굉장히 폭 넓게 영어라는 언어에 대해 건드린 책이어서 인상적이었요. 브라이슨 정도의 접근이 정말 구체적인 것과 추상적인 것을 잘 조합한 예에 해당하는 것 같아요. 다만 그 책에서 다루는 시각들이 굉장히 변화무쌍한 느낌이 없지 않아서 공부하는 사람은 그렇게 하기는 어렵겠지만요.
최근의 영어에 대한 콘텐츠들은 어느 한곳에 많이 치우쳐져 있다는 느낌이 들어요. 비격식만 다룬다든지 문법만 다룬다든지 업무적인 것만 다룬다든지. 사실 광범한 영어의 세계를 한 번에 다 정복할 수는 없겠지만, 그래도 뼈대가 되는 체계들을 확실히 조금 가져갈 필요가 있다 이런 생각으로 가게 되는 것 같아요. 그게 데일이 말하는 것과 진짜로 합치하는 게 아닌가 그런 생각.

15. 영어공부, 복잡성과 복합성의 사이에서

다이앤 라슨-프리먼 '영어공부는 복잡계에 대해 익히는 것'

이윤규 어떻게 보면 격식이랑 비격식, 포멀과 인포멀은 마치 수레의 양 바퀴 같은 느낌이에요. 격식이라는 바퀴를 먼저 달아야 하겠지만, 어쨌든 두 개를 고루 갖추면서 균형을 맞춰야 한다는 것.
이런 관점으로 보면, 선생님께서 대학 다니실 때 전공수업에서 보셨을 것 같은데 다이앤 라슨-프리먼도 떠오릅니다. '복잡계'라고 그래 가지고 물리학에서 쓰는 개념인데, 이걸 언어교육쪽으로 가지고 들어온 분이에요. 인터넷에 그 논문도 쉽게 찾을 수 있는데, 심지어 양도 많지 않아요. 근데 이분이 뭐라 그랬냐면 '야, 내가 최근에 물리학 보니까 복잡성 이론이라는 게 있던데 언어학에도 쓸 수 있는 것 같아.' 그러면서 얘기하는데, 결론은 조금 뭐랄까 지리멸렬하긴 했어요. 이 복잡계를 어떻게 다룰 것인지는 향후 발전과제다 약간 이런 느낌? 아, 한 가지 생각해야 하는 것은 복잡계라고 번역하긴 했지만 실제 원문은 complexity거든요. 그러면서 프리먼이 complex한 것과 complicated는 다르다고 말을 했어요. 프리먼이 정말 말하고자 했던 것은 언어는 복잡하다기 보다는 복합적이라는 뜻에서 물리학의 개념을 차용한 것 같아요.

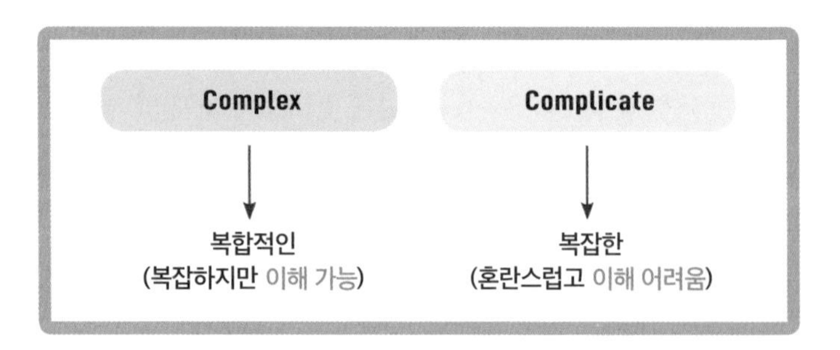

주지후

맞아요. 라슨 프리먼 교수님은 아주 익숙해요. 제가 전공 수업을 들을 때 그 분이 쓰신 책들이 저희 전공 교재의 상당 부분을 차지했어요. 정말 유명한 분이시죠.
라슨 프리먼 교수님의 특별한 점은 뭐냐면, 그분이 정말 현장에서 오랫동안 경험을 쌓으신 분이라는 거예요. 말 그대로 '잔뼈가 굵은' 분이시죠. ELT, 그러니까 English Language Teaching 분야나 English Language Center 같은 곳에서 엄청나게 많은 일을 하셨어요.
그런 현장 경험을 통해 교수님이 직접 관찰하신 게 뭐냐면, 아이들이 영어를 습득하는 과정에는 인풋, 아웃풋, 인터렉션이 종합적으로 다 필요하다는 거였어요. 이게 단순히 이론이 아니라 실제 현장에서 직접 보고 경험하신 거죠.
그리고 제가 흥미롭게 생각하는 부분은, 교수님이 이런 경험을 바탕으로 자신만의 이론을 정립하셨다는 거예요. 아마도 그게 물리학 개념을 언어 습득에 적용한 그 유명한 논문이 아닐까 싶어요.

이윤규

여기까지 얘기하고 보니 그래도 우리가 이야기의 순서를 잘 짰다는 생각이 들어요. 처음부터 영어공부는 복합성을 가지고 있다고 얘기했다면 '뭔 당연한 애기를 그렇게 하는가…' 했을텐데, 그래도 인풋 아웃풋을 나눠서 하나씩 뜯어 보고 그것들이 언어습득에서 어떤 역할을 하는지 하나씩 짚어 보면서 넘어왔기 때문에 복합계든 복잡계든 얘기를 하는 우리들도 수긍이 되는 부분이 있지 않은가 그런 생각도 들어요.

16. 그런데 대체 영어공부 무엇 때문에 하는 거에요?

조셉 댄크스
'무언가를 익히는 것과 그것을 적절히 표현해 내는 것은 다르다'

이윤규 지금까지 영어공부를 어떻게 해야 할지 얘기를 많이 했는데, 마지막으로 '우리는 대체 왜 영어공부를 하는 것'인지 그 얘기도 조금 해보고 싶어요.
영어해서 뭐 할꺼냐 이런 얘기가 아니라, 동시통역사가 되고 싶은 것인지 번역가가 되고 싶은 것인지, 자기계발을 위한 것인지, 영어점수가 필요한 것인지, 시험을 잘 치고 싶은 것인지에 따라 영어공부의 방식이나 정도도 달라져야 하거든요.

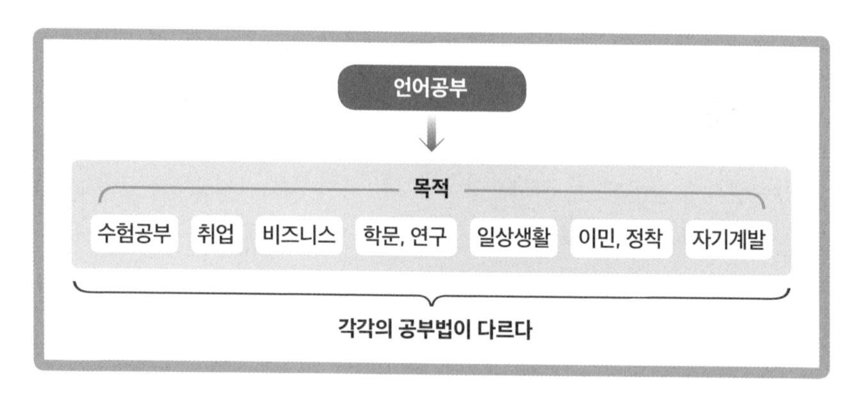

예를 들어 동시통역사 준비하는 분이랑 토익 몇 백 점 넘고 싶다는 분의 공부법은 다를 수 밖에 없겠죠. 그런데 우리는 보통 이런 걸 생각 안 하고 그냥 "영어공부"를 열심히 해야한다는 식으로 생각하는 것 같아요. 마치 못하면 안 된다 이런 사고도 있고…
이런 면에서 한번 주제로 삼고 싶은 분이 조셉 댄크스에요. 번역학을 주로 하

신 분이에요. 이 분의 방법론을 쭉 정리해보면 무언가를 알고 머릿속에 저장하는 것과 그걸 사용해서 결과물을 만들어 내는 것은 다르다는 느낌을 많이 받게 돼요. 왜냐하면 댄크스로 영어공부를 할 때 배경지식과 맥락이 중요하고, 그걸 통해서 예상함으로써 이해가 촉진된다고 했거든요. 앞서 얘기한 맥락화 방식과 완전히 일치하죠.

하지만 영어학습이 아니라, 그걸 바탕으로 한 번역으로 들어가면 두 언어 그 자체의 차이뿐 아니라 문화적 차이까지 고려를 해야 한다고 얘기해요. 학습의 대상이 언어에서 더 확장이 되기 시작하죠. 번역을 하면 번역하고자 하는 언어의 문법이나 문화규칙에 맞게 번역문을 재구성하고 문맥에 따라 조정하는 과정을 거친다고 봤어요. 그 과정에서 텍스트 구조를 분석하게 되고 텍스트 내에서 정보가 어떻게 연관되고 연결되는지도 중요하다고 봤어요. 독자들이 번역된 텍스트를 읽고 기억에 남길 때 재구성이 일어난다는 점도 얘기를 했어요. 여기까지 보면 번역가를 목표로 하는 경우의 영어공부는 우리가 알고 있는 것보다 훨씬 더 고차원적인 내지는 다차원적인 접근을 필요로 한다는 걸 알 수 있어요.

저는 효율충에 가까워서, 목표가 다르면 공부법도 달라진다. 이런 사고를 바탕으로 조금 더 다이어트된 공부법을 찾거나 조합해 보려고 시도할 것 같아요. 뭔가 열심히 했는데 연관성이 조금 떨어져서 바로 결과로 이어지지 않는다면… 저는 조금 힘이 빠질 것 같아요.

17. 목적과 의미가 공부를 결정한다

케네스 굿맨 '읽기, 쓰기, 듣기, 말하기는 분리할 수 없다'

이윤규 '총체적 언어 접근법(Whole Language Approach)'이라는 것도 있어요. 이건 사실 공부법이라기 보다는 일종의 철학 같은 것인데, 영어 공부를 하는 이유, 목적 이야기를 할 때 함께 언급하기에 딱 좋은 것 같아요. 말하기나 듣기, 읽기, 쓰기를 분리시키고 문법이나 단어별로 따로 공부를 해서 완성을 시키는 게 아니라, 언어의 기본적인 단위를 단어나 문법 또는 그 결합으로 보는 게 아니라 하나의 '의미'로 보고 말하기, 듣기, 읽기뿐 아니라 공부를 하는 사람의 동기, 흥미 등 심리상태까지 모두 통합해서 접근을 해야 한다는 것인데요. 케네스 굿맨 같은 분이 대표적이에요.

예를 들어 길을 가다가 개구리를 한 마리 보게 되어서 개구리에 대해 관심이나 흥미가 생겼다고 한다면, 그 '개구리'가 대체 무엇인지, 어떻게 사는 녀석인지, 이런 것들을 알아보기 위해, 다시 말하면 아까 얘기한 개구리의 '의미'를 알기 위해 읽기, 쓰기, 말하기 등 다양한 수단을 동원할 수가 있겠죠. 흥미든 요구든 무언가 학습자를 움직이게 하는 게 있을 때 그 목적을 달성하기 위해 수단들을 설계하고 조정하는 거에요. 보통의 영어공부가 단어, 문법 이런 블록들을 공부하면서 올라가는 것인데, 여기서는 목적을 정해두고 그걸 위해 단어든 문법이든 공부를 하고 읽기, 쓰기, 말하기 같은 것을 하는 것이라 '톱-다운 어프로치(Top-Down Approach)'라고 부르기도 하죠.

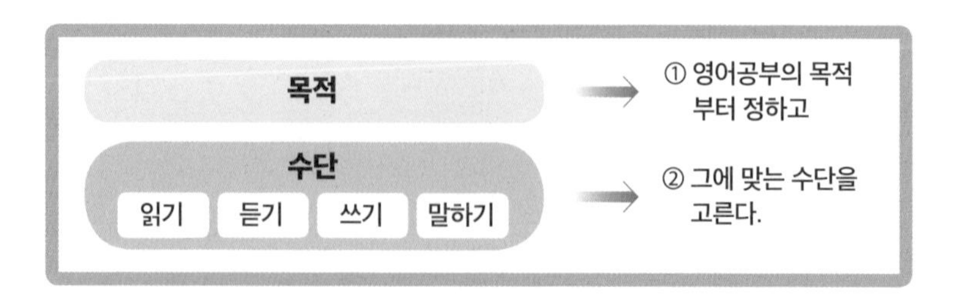

이게 말하자면 사용을 위한 습득이라고 해야 하나, 학습기술에서는 중간 단계를 건너뛰고 말하자면 해답부터 보는 그런 공부법이 있어요. 학술상 명칭은 아니고 '거꾸로 공부법'이라든지 'Directness'라고 부르는데, 총체적 학습법은 점잖게 이야기 하지만, 앞서 얘기한 것처럼 감정적으로 흥미나 재미를 느끼는 대상을 이해하기 위해 언어를 수단으로 쓰는 것이거든요.

이게 현대인들에게는 정말 큰 의미가 있다고 생각해요. 원래 이 이론은 유아를 가르칠 때 사용한 이론인데, 뇌에 제2외국어가 저장되는 그런 부분들이나 충분한 영어적 맥락 그런 부분만 제외하면, 습득의 방법에서는 모국어든 외국어든, 유아든 성인이든 차이가 있을 수가 없거든요. 모두 '기억(Encoding)'과 관련된 것이기 때문에.

그런데 한국에서 영어 공부 하고 싶어하는 성인들은 다시 단어나 문법, 아니면 재미있어 보이는 표현 같은 것들 낙엽 모으듯 모으면서 공부를 하는데, 정작 중요한 것은 그런 식의 공부로 내 영어공부의 목표가 언제쯤 달성되냐는 거에요. 너무 멀고 오랜 시간이 걸리는 대작업이죠.

오히려 그것보다 목표를 확실하게 정해놓고, 원서를 읽고 싶다든지, 영어로 업무 이메일을 잘 쓰고 싶다든지, 영어 뉴스를 완벽하게 듣고 싶다든지, 그걸 달성하기 위해 필요한 '과정목표'는 무엇이고, 그 구체적인 과정목표들은 언제 어떻게 할 것인지 결정하고, 이후에는 실행에 옮기는 게 훨씬 단순하고 효과적이고 직접적이거든요.

총체적 접근법이 꽤 오래된 이론이긴 한데, 저는 오히려 배울 것들이 범람하고 그래서 의욕이 꺾이는 이 시대에 더 의미가 있지 않나 그런 생각을 해봅니다. 근데 참 혼자 주도적으로 하기는 어렵죠. 그래서 강의나 수업, 콘텐츠 같은 것의 도움을 받는 것인데… 요새 특히 읽기나 듣기 딱딱 분리해가지고 자기 수업 들으면 원어민들처럼 된다든지 영어 콘텐츠 하나는 완전 정복할 수 있는 것처럼 홍보하는 분들은 문제가 조금 있다는 생각이 들어요.

주지후 

그렇죠, 언어 학습에 관해서는 사실 사이비 이론들이 꽤 많아요. 하지만 실제로 언어가 그렇게 작동할 리가 없죠. 왜 그런지 설명해 드릴게요.

우리가 글을 읽을 때도 사실은 머릿속에서 음성 처리를 한다는 점을 아셔야 해요. 생각해 보세요. 우리 뇌가 처음에 언어를 배울 때 모두 음성으로 배우잖아요? 그렇다면 글자라는 것은 결국 뭘까요? 그냥 그 소리를 대표하는 기호일 뿐이에요.

그런데 가끔 이런 주장을 하는 분들이 있어요. 책을 10초 만에 읽는다든가, 엄청난 속독 능력을 가졌다고 하는 분들 말이에요. 하지만 뇌과학자들이 이미 그런 주장이 말도 안 된다고 증명을 다 했어요.

실제로 우리가 묵독, 즉 소리 내지 않고 글을 읽기 시작한 역사도 그리 오래되지 않았어요. 예를 들어, 메이지 유신 이후에 일본 사람들이 기차에서 소리 내서 책을 많이 읽었다는 이야기도 있죠. 이건 음독의 전통이 얼마나 오래 지속되었는지를 보여주는 좋은 예시예요.

그래서 우리가 머릿속으로 소리를 생각하지 않고 글을 읽는다는 건 사실 미신이에요. 우리는 머릿속으로 여전히 청각 처리를 하고 있어요. 물론 듣는 것과 읽는 것은 정보가 들어오는 통로는 다르죠. 하지만 정보 처리는 어디서 할까요? 바로 뇌에서 하는 거죠.

구체적으로 말하면, 브로카 영역이랑 베르니케 영역에서 결국은 언어를 처리하는 거예요.

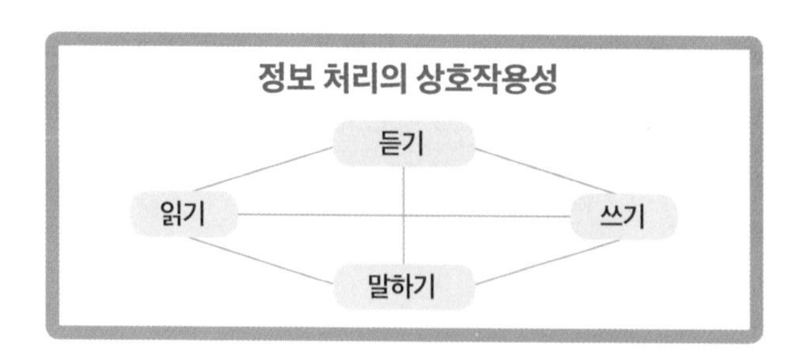

그래서 어떤 한 가지 방법만 하면 나머지가 다 해결된다든가 하는 주장은 조심해야 해요. 이건 뇌과학적으로 봤을 때 말이 되지 않아요. 보통은 두 가지 이상의 방법이 서로 상보적으로 작용한다고 봐야 합니다.
결국, 언어 학습에서는 다양한 접근 방식이 필요하다는 거죠. 듣기, 말하기, 읽기, 쓰기… 이 모든 것들이 서로 연결되어 있고, 뇌에서 종합적으로 처리된다는 걸 기억하셨으면 좋겠어요

이윤규 CPU는 하나고 정보가 들어오는 통로가 여러 개 있는 거죠. 음성으로 인식시키든 키보드로 치든 다 같은 정보가 컴퓨터에 입력되죠.

주지후 그래도 굳이 나누자면, 우리가 언어를 처리하는 방식에는 두 가지 큰 갈래가 있어요. 하나는 받아들이는 언어 처리, 다른 하나는 표현하는 언어 처리죠.
이런 구분 때문에 언어 교육에서도 흥미로운 접근법들이 있어요. 예를 들어, 라이팅(writing)이랑 스피킹(speaking)을 같이 다루는 경우가 많아요. 왜 그럴까요? 둘 다 우리가 언어를 '표현'하는 기술이기 때문이죠.
반면에, 리딩(reading)은 리스닝(listening)과 함께 다루는 경우가 많아요. 이 둘은 모두 언어를 '받아들이는' 기술이니까요. 이런 구분이 실제 언어 학습에서도 효과가 있다는 게 재미있죠.
제 개인적인 경험을 말씀드리자면, 대학교 3학년, 4학년 즈음에 정말 신기한 일을 경험했어요. 제가 원서를 정말 많이 읽었거든요. 그러다 보니 나중에는 뭔가 좋아졌어요. 뭐가 좋아졌냐고요? 교수님들의 설명이 너무 잘 들리는 거예요.
이게 왜 그런지 생각해보면, 아무래도 말이 글보다 쉽잖아요. 그래서 글로 된 내용을 이해할 수 있게 되니까, 말로 하는 설명은 더 쉽게 이해가 된 것 같아요.

읽기를 열심히 했는데 듣기가 되는 거네요?

주지후 그렇죠. 왜냐하면 교수님들이 강의하실 때 사용하시는 단어나 문장 구성을 보면, 당연히 전공 교재나 원서보다는 조금 쉽게 말씀하시는 편이에요. 그런데도 제가 1, 2학년 때는 교수님들 말씀을 다 이해하지 못했어요. 그때는 정말 힘들었죠. 그런데 신기하게도 4학년쯤 되니까 상황이 완전히 달라졌어요. 강의를 듣는 건 너무 쉬워진 거예요.
이런 경험을 통해 저는 간접적으로 뭔가를 깨달았어요. 바로 읽기 능력과 듣기 능력이 서로 밀접하게 연관되어 있다는 거죠. 제가 원서를 읽으면서 어휘력과 전공 지식이 쌓이니까, 그게 강의를 이해하는 데도 큰 도움이 된 거예요. 결국 이 모든 것은 우리 뇌에서 같은 곳에서 처리되는 거죠. 읽기와 듣기, 이 두 가지 언어 기술이 서로 상보적으로 작용한다는 걸 제 경험을 통해 확실히 알게 됐어요.

이윤규 이렇게 보면 결론이 뭔가 흩어지는 느낌이 없지 않은데, 그래도 정리를 위해 '효율적인 영어공부법은 무엇이다' 이런 한 마디 정리로 맺음이 가능할까요?

주지후 음… 우리가 지금까지 얘기한 여러 학습 이론들, 예를 들어 선행 조직자 이론이라든지, 맥락화, 구성주의 이론 같은 것들이 있잖아요. 이런 이론들이 모두 의미가 있다는 건 많은 분들이 동의하실 거예요. 그런데 제가 흥미롭게 봤던 점은, 이런 방식들이 사실 고대와 중세 유럽의 언어 학습 방식과 굉장히 비슷하다는 거예요.
예를 들어볼까요? 고대 메소포타미아 지역에 '길가메시 서사시'라는 텍스트가 있었어요. 이게 기원전 2100년경 바빌로니아에서 쓰인 세계 최고(最古)의 서사시 중 하나로 알려져 있거든요. 재미있는 건 이 작품이 후대 바빌로니아 학교의 정규 학습과정에 포함되어 있었다는 거예요. 쐐기 문자로 기록된 이 텍스트가 수메르어뿐만 아니라 아카드어, 바빌로니아어 등 여러 언어로 번역되어 사용되었다니까요.

중세 유럽으로 오면, 성경이 주요 학습 텍스트로 사용됐어요. 구약은 주로 히브리어로, 신약은 그리스어로 쓰였고, 이후 라틴어로 번역되었죠. 그리고 각국의 언어로도 번역되었고요. 이렇게 하나의 텍스트를 여러 언어로 학습함으로써, 학생들이 여러 언어를 동시에 배울 수 있었던 거죠.

이 방식의 장점이 뭐였을까요? 바로 이미 내용을 알고 있는 텍스트를 사용한다는 점이에요. 익숙한 내용이니까, 새로운 언어로 읽더라도 문맥을 예측하기 쉬웠겠죠. 또, 특히 중세 시대에는 종교의 영향력이 컸잖아요. 그러니까 이런 텍스트를 일상생활에서 자주 접할 수 있었던 거예요.

제가 보기에는 이런 전통적인 언어 학습 방식이 현대의 여러 학습 이론들을 다 포괄하고 있는 것 같아요. 선행 지식을 활용하고, 실제 사용 맥락 속에서 언어를 학습하며, 학습자가 능동적으로 의미를 구성해 나가는 과정을 모두 포함하고 있거든요.

그래서 저는 이런 방식을 우리도 현대적으로 적용해볼 수 있지 않을까 생각해요. 예를 들어, 우리에게 익숙한 내용의 텍스트를 골라서 그걸 영어로 읽어보고, 다시 우리말로 읽어보는 식으로 말이죠.

이 책에 나오는 학자들

- **노암 촘스키 (Noam Chomsky, 1928-)**
  - MIT 명예교수
  - 현대 언어학의 혁명가이자 인지과학의 선구자
  - 미국 국립과학원 회원
  - 교토상 수상 (1988)

- **에릭 레너버그 (Eric Lenneberg, 1921-1975)**
  - 하버드 대학교 교수
  - 언어학과 신경생물학의 연결고리를 제시한 선구자
  - 미국 과학진흥협회(AAAS) 회원
  - 결정적 시기 가설 제안 (1967)

- **데이비드 오스벨 (David Ausubel, 1918-2008)**
  - 컬럼비아 대학교 교육학과 교수
  - 유의미 학습 이론의 창시자
  - 미국 교육심리학회 회장 역임
  - 「Educational Psychology: A Cognitive View」 저자

- **폴 네이션 (Paul Nation, 1940-)**
  - 뉴질랜드 빅토리아 대학교 명예교수
  - 어휘 습득과 교수법 전문가
  - TESOL 평생공헌상 수상
  - 「Learning Vocabulary in Another Language」 저자

- **마이클 루이스 (Michael Lewis, 1950-2019)**
  - 영국 응용언어학자
  - 어휘 접근법(Lexical Approach)의 창시자
  - 언어교육 혁신가
  - 「The Lexical Approach」 (1993) 저자

- **제롬 브루너 (Jerome Bruner, 1915-2016)**
  - 하버드 대학교/옥스포드 대학교 교수
  - 인지혁명의 주역이자 교육심리학의 거장

- 미국 국립과학원 회원
- APA 평생공헌상 수상 (1990)

• **스티븐 크라센 (Stephen Krashen, 1941-)**
- USC 명예교수
- 제2언어 습득 이론의 혁신가이자 언어교육의 패러다임을 바꾼 학자
- TESOL 제임스 알라티스 상 수상 (2005)
- 자연적 접근법의 창시자

• **허버트 푸치타 (Herbert Puchta, 1954-)**
- 오스트리아 그라츠 교육대학 교수
- 아동 외국어 교육의 전문가
- 다중지능이론의 언어교육 적용 선구자
- ELT Duke of Edinburgh Book Prize 수상

• **메릴 스웨인 (Merrill Swain, 1944-)**
- 토론토 대학교 명예교수
- 제2언어 습득 연구의 권위자이자 이머전 교육의 선구자
- 캐나다 왕립학회 회원
- AAAL 평생공헌상 수상 (2015)

• **마이클 롱 (Michael Long, 1945-2021)**
- 하와이 대학교 제2언어학과 교수
- 상호작용 가설의 창시자
- 과제 중심 언어 교육의 선구자
- 「Second Language Acquisition and Task-Based Language Teaching」 저자

• **줄리안 데이킨 (Julian Edge, 1943-)**
- 맨체스터 대학교 교수
- 협력적 전문성 개발 모델의 창시자
- 영국 응용언어학회 펠로우
- 「Cooperative Development」 저자

• **마이클 스완 (Michael Swan, 1936-)**
- 영국의 응용언어학자
- ELT 교재 개발의 권위자
- 영국 응용언어학회 특별공로상 수상
- 「Practical English Usage」 저자

- **에드가 데일 (Edgar Dale, 1900-1985)**
  - 오하이오 주립대학교 교육학 교수
  - 경험의 원추(Cone of Experience) 모델 개발
  - 시청각 교육의 선구자
  - NEA 공로상 수상

- **다이앤 라슨-프리먼 (Diane Larsen-Freeman, 1946-)**
  - 미시간 대학교 교수
  - 복잡성 이론의 언어교육 적용 선구자
  - TESOL 평생공헌상 수상
  - 「Techniques and Principles in Language Teaching」 저자

- **조셉 댄크스 (Joseph Danks, 1937-2011)**
  - 켄트 주립대학교 심리언어학 교수
  - 독해 과정 연구의 선구자
  - 미국 심리학회 회원
  - 「Comprehension in Reading」 저자

- **케네스 굿맨 (Kenneth Goodman)**
  - 애리조나 대학교 명예교수
  - 전인적 언어교육(Whole Language) 운동의 주창자
  - 국제읽기학회(IRA) 회장 역임
  - NCTE 공로상 수상 (1975)

18p

- **리처드 앳킨슨 (1929-)**

  컴퓨터 기반 학습의 선구자이자 인지혁명의 주역
  - 전미과학메달 수상자 (2007)
  - 스탠포드 심리학과 교수 & UC 총장 역임

- **리처드 시프린 (1942-)**

  기억 처리 과정 연구의 혁신가
  - 미국 국립과학원 회원
  - 인디애나 대학교 심리학과 교수
  - APA 윌리엄 제임스상 수상 (1976)

- **퍼거스 크레이크 (1935-)**

  기억 연구의 혁신가이자 인지심리학의 거장
  - 로열 소사이어티 펠로우
  - 토론토 대학교 명예교수
  - 캐나다 왕립학회 킬럼상 수상 (1999)

- **로버트 록하트 (1936-)**

  인지심리학의 선구자이자 기억 연구의 혁신가
  - 토론토 대학교 명예교수
  - 캐나다 왕립학회 펠로우
  - 심리과학협회 윌리엄 제임스상 수상 (1990)

19p

- **앨런 파이비오 (1925-2016)**

  이미지와 언어의 연결고리를 밝힌 인지심리학의 거장
  - 캐나다 웨스턴 대학교 명예교수
  - 캐나다 왕립학회 회원
  - 캐나다 심리학회 골드 메달 수상 (1989)

• 스티븐 핑커 (1954-)

언어와 마음의 본질을 밝힌 현대 인지과학의 대가

- 하버드 대학교 심리학과 교수
- 미국 예술과학 아카데미 회원
- 미국 심리과학회 트로랜드 연구상 수상 (1994)

19p

• 스티븐 크라센 (1941-)

제2언어 습득 이론의 혁신가이자 언어교육의 패러다임을 바꾼 학자

- 서던캘리포니아 대학교(USC) 명예교수
- 응용언어학의 선구자
- TESOL 제임스 알라티스 상 수상 (2005)

• 앨런 파이비오 (Allan Paivio, 1925-2016)

인지심리학자, 이중 부호화 이론 창시자

- 웨스턴 온타리오 대학교 명예교수
- 캐나다 왕립학회 회원
- 대표 저서 「Mental Representations」 (1986)

25p

• 헨리 로디거 3세 (1947-)

기억과 학습의 메커니즘을 밝힌 실험심리학의 거장

- 워싱턴 대학교 심리학과 교수
- 미국 국립과학원 회원
- 미국 심리과학회 윌리엄 제임스 펠로우 선정 (2010)

27p

• 페터 슬로터다이크 (1947-)

현대 철학과 문화비평의 혁신적 사상가

- 칼스루에 조형예술대학 총장
- 빈 예술아카데미 회원
- 니체상 수상 (2000)

29p

- **엔델 털빙 (1927-)**

  기억 연구의 혁신가이자 인지심리학의 거장
  - 토론토 대학교 명예교수
  - 미국 국립과학원 회원
  - 가이어드너 국제상 수상 (2005)

- **도널드 톰슨 (1939-)**
- 인지심리학의 선구자이자 기억 연구의 권위자
  - 멜버른 대학교 명예교수
  - 호주 사회과학원 회원
  - 호주심리학회 특별공로상 수상 (1995)

33p

- **로드 엘리스 (1944-)**

  제2언어 습득 연구의 선구자이자 응용언어학의 대가
  - 오클랜드 대학교 명예교수
  - 영국 응용언어학회 펠로우
  - TESOL 평생공헌상 수상 (2012)

34p

- **노암 촘스키 (1928-)**

  현대 언어학의 혁명가이자 인지과학의 선구자
  - MIT 명예교수
  - 미국 국립과학원 회원
  - 교토상 수상 (1988)

35p

- **메릴 스웨인 (1944-)**

  제2언어 습득 연구의 권위자이자 이머전 교육의 선구자
  - 토론토 대학교 명예교수
  - 캐나다 왕립학회 회원
  - AAAL 평생공헌상 수상 (2015)

37p

- **폴 브로카 (1824-1880)**
  신경해부학의 선구자이자 언어중추 발견자
  - 파리 의과대학 교수
  - 프랑스 과학아카데미 회원
  - 브로카 영역 발견 (1861)

- **칼 베르니케 (1848-1905)**
  신경학의 거장이자 언어장애 연구의 개척자
  - 브레슬라우 대학교 교수
  - 프로이센 과학아카데미 회원
  - 베르니케 영역 발견 (1874)

  각 영역의 특징
  - 브로카 영역: 전두엽에 위치, 문법 처리와 언어 생성을 담당
  - 손상 시 브로카 실어증 발생 (말하기는 어렵지만 이해는 가능)
  - 베르니케 영역: 측두엽에 위치, 언어 이해와 의미 처리를 담당
  - 손상 시 베르니케 실어증 발생 (유창하게 말하지만 의미 있는 내용 전달 어려움)

39p

- **대니얼 카너먼 (1934-)**
  행동경제학의 창시자이자 인지심리학의 대가
  - 프린스턴 대학교 명예교수
  - 미국 국립과학원 회원
  - 노벨 경제학상 수상 (2002)

41p

- **토리 히긴스 (1946-)**
  사회심리학의 권위자이자 동기이론의 선구자
  - 컬럼비아 대학교 교수
  - 미국 예술과학아카데미 회원
  - 윌리엄 제임스 펠로우 수상 (2009)

45p

• **바루크 피쇼프 (1946-)**

판단과 의사결정 연구의 선구자이자 위험 인식 전문가

- 카네기멜론 대학교 교수
- 미국 국립과학원 회원
- APA 평생공헌상 수상 (2014)

46p

• **에릭 레너버그 (1921-1975)**

언어학과 신경생물학의 연결고리를 제시한 선구자

- 하버드 대학교 교수
- 미국 과학진흥협회(AAAS) 회원
- 결정적 시기 가설 제안 (1967)

49p

• **조셉 그린버그 (1915-2001)**

현대 언어 유형론의 창시자이자 언어보편성 연구의 선구자

- 스탠포드 대학교 교수
- 미국 국립과학원 회원
- 탈벗 워터맨 상 수상 (1996)

50p

• **에드워드 키넌 (1937-) & 버나드 콤리 (1947-)**

언어 유형론과 통사론 연구의 권위자들

• **에드워드 키넨**

- UCLA 교수
- 미국 언어학회 회장 역임
- LSA 평생공헌상 수상 (2015)

• **버나드 콤리**

- 캠브리지 대학교 교수
- 영국 학술원 회원
- 언어유형론협회(ALT) 설립자

51p

• **정철 (1947-)**

한국의 대표적인 영어교육자이자 교수법 혁신가

- 서울대학교 영어교육과 명예교수
- 한국영어교육학회 회장 역임
- '영어교육 혁신상' 수상 (2010)

53p

• **케네스 굿맨 (1927-2020)**

현대 독해교육 이론의 선구자이자 전인적 언어교육(Whole Language) 운동의 주창자

- 애리조나 대학교 명예교수
- 국제읽기학회(IRA) 회장 역임
- NCTE 공로상 수상 (1975)

55p

• **버나드 콤리 (1947-)**

언어 유형론과 시제/상(tense-aspect) 연구의 권위자

- 캠브리지 대학교 교수
- 영국 학술원 회원
- 저서 「Aspect」(1976)가 언어학계의 고전으로 평가됨

• **앨런 벨 (Alan Bell, 1947-)**

미디어 언어학의 창시자이자 사회언어학자

- 오클랜드 대학교 명예교수
- 국제사회언어학회 회원
- 대표 저서 「The Language of News Media」(1991)

62p

• **앤 커틀러 (1945-)**

언어처리와 음성인지 분야의 선구자적 연구자

- 웨스턴 시드니 대학교 교수
- 호주 과학 아카데미 회원
- 대표 저서 「Native Listening」(2012)

• **데이비드 카터 (David Carter, 1946-2020)**

코퍼스 언어학과 응용언어학 전문가

- 노팅엄 대학교 명예교수
- 영국 응용언어학회 회장 역임
- 「Cambridge Grammar of English」 공저자

63p

• **폴 그라이스 (1913-1988)**

현대 화용론의 기초를 확립한 언어철학자

- 옥스퍼드 대학교, UC 버클리 교수
- 영국 학술원 회원
- 대표 논문 「Logic and Conversation」 (1975)

64p

• **캐슬린 퀘이드라 (Kathleen B. Kiewra, 1952-)**

교육심리학자, 학습전략 전문가

- 네브라스카 대학교 교수
- 미국교육연구협회(AERA) 회원
- 대표 저서 「Teaching How to Learn」 (2009)

• **존 던로스키 (John Dunlosky, 1965-)**

인지심리학자, 학습과학 전문가

- 켄트 주립대학교 교수
- 미국심리학회(APA) 회원
- 대표 저서 「Improving Student Learning With Effective Learning Techniques」 (2013)

• **스티븐 페벌리 (Stephen T. Peverly, 1955-)**

교육심리학자

- 컬럼비아 대학교 교수
- 학습장애연구협회 회원
- 「Note-taking and Working Memory」 연구 주도

65p

- **리처드 메이어 (Richard E. Mayer)**
  교육심리학자, 멀티미디어 학습 이론의 선구자
  - UC 산타바바라 대학교 심리학과 교수
  - 미국 심리학회(APA) 회원
  - 대표 저서 「Multimedia Learning」(2001)

66p

- **로버트 반더플랭크 (Robert Vanderplank, 1948-)**
  - 옥스퍼드 대학교 언어센터 전 소장
  - 자막 활용 언어학습 연구 전문가
  - 「Captioned Media in Foreign Language Learning」(2012) 저자

67p

- **K. 앤 레닝어 (K. Ann Renninger, 1950-)**
  - 스워스모어 대학교 교육학과 교수
  - 흥미 발달 이론 전문가
  - 「The Power of Interest for Motivation and Learning」 저자
- **수잔 히디 (Suzanne Hidi, 1943-)**
  - 토론토 대학교 교육학과 명예교수
  - 흥미 기반 학습 연구 선구자
  - OISE(온타리오 교육연구소) 연구원

68p

- **래리 반더그리프트 (Larry Vandergrift, 1947-2012)**
  - 오타와 대학교 제2언어교육학과 교수
  - 듣기 전략 연구의 권위자
  - 「Teaching and Learning Second Language Listening」(2012) 공저자
- **크리스틴 고 (Christine C.M. Goh)**
  - 싱가포르 국립교육원(NIE) 영어학과 교수
  - 제2언어 듣기 교육 전문가
  - 「Teaching and Learning Second Language Listening」(2012) 공저자

70p

• **도널드 모리스 (Donald Morris)**
- 텍사스 대학교 심리학과 교수
- 기억과 학습 전문가
- 「Transfer-Appropriate Processing」 이론 공동 제안자

• **존 브랜스포드 (John Bransford)**
- 밴더빌트 대학교 교육학과 명예교수
- 학습과학 분야 선구자
- 「How People Learn」 저자

• **제프리 프랭크스 (Jeffrey J. Franks)**
- 밴더빌트 대학교 심리학과 교수
- 인지심리학 전문가
- TAP(Transfer-Appropriate Processing) 이론 공동 연구자

73p

• **윌리엄 래보프 (William Labov, 1927-)**
- 펜실베이니아 대학교 언어학과 명예교수
- 사회언어학의 창시자로 불림
- 「The Social Stratification of English in New York City」(1966) 저자
- 언어 변화와 변이에 대한 실증적 연구 개척

74p

• **제임스 밀로이 (James Milroy, 1943-2012) & 레슬리 밀로이 (Lesley Milroy)**
- 벨파스트 대학교 교수 (제임스)
- 미시간 대학교 교수 (레슬리)
- 사회 네트워크 이론을 언어학에 적용
- 「Authority in Language」 공저자

75p

- **윌렘 레벨트 (Willem "Pim" Levelt, 1938-)**
  - 막스플랑크 심리언어학 연구소 설립자/전 소장
  - 네덜란드 니메헨 대학교 교수
  - 「Speaking: From Intention to Articulation」(1989) 저자
  - 언어 산출의 3단계 모델로 유명
- **폴 네이션 (Paul Nation)**
  - 뉴질랜드 빅토리아 대학교 명예교수
  - 어휘 습득과 교수법 전문가
  - 「Learning Vocabulary in Another Language」 저자
- **조나단 뉴튼 (Jonathan Newton)**
  - 뉴질랜드 빅토리아 대학교 교수
  - 제2언어 교수법 전문가
  - 어휘 학습과 의사소통 중심 교수법 연구

76p

- **프레드릭 바틀렛 (Frederic Bartlett, 1886-1969)**
  - 케임브리지 대학교 실험심리학 교수
  - 영국 최초의 실험심리학 교수
  - 「Remembering」(1932) 저자
  - 스키마 이론의 창시자로, 기억의 구성적 본질을 강조
- **존 앤더슨 (John R. Anderson, 1947-)**
  - 카네기 멜론 대학교 심리학/컴퓨터 과학 교수
  - ACT-R (Adaptive Control of Thought-Rational) 이론 개발
  - 「Cognitive Psychology and Its Implications」 저자
  - 인지 아키텍처와 학습 이론 분야의 선구자
- **존 스웰러 (John Sweller, 1946-)**
  - 뉴사우스웨일스 대학교 교육학과 명예교수
  - 인지부하 이론(Cognitive Load Theory) 창시자
  - 「Cognitive Load Theory」 저자
  - 학습과 문제 해결에서의 인지 부하 연구

78p

- **로드 엘리스 (Rod Ellis, 1944-)**
  - 오클랜드 대학교 응용언어학 명예교수
  - 커리틴 대학교 연구교수
  - 「The Study of Second Language Acquisition」 저자
  - 제2언어 습득 연구의 선구자

80p

- **델 하임즈 (Dell Hymes, 1927-2009)**
  - 펜실베이니아 대학교 인류학/민속학 교수
  - 사회언어학의 선구자
  - 「Foundations in Sociolinguistics: An Ethnographic Approach」 저자
  - SPEAKING 모델 개발자 (의사소통의 구성 요소 분석)
- **존 슈만 (John Schumann, 1941-)**
  - UCLA 응용언어학과 교수
  - 문화 적응 모델의 창시자
  - 신경생물학적 관점의 언어 습득 연구
  - 「The Pidginization Process: A Model for Second Language Acquisition」 저자
- **레프 비고츠키 (Lev Vygotsky, 1896-1934)**
  - 소련의 심리학자, 교육학자
  - 사회문화적 발달 이론의 창시자
  - 「사고와 언어」 저자
  - 인지 발달의 사회적 측면 강조
- **마이클 롱 (Michael Long, 1945-2021)**
  - 하와이 대학교 제2언어학과 교수
  - 상호작용 가설의 창시자
  - 「Second Language Acquisition and Task-Based Language Teaching」 저자
  - 과제 중심 언어 교육의 선구자

82p

- **버나드 블로치 (Bernard Bloch, 1907-1965)**
  - 예일대학교 언어학 교수
  - 구조주의 언어학자
  - 「개인어」 개념의 창시자
  - 일본어 음운론 연구의 선구자
- **윌리엄 라보프 (William Labov, 1927-)**
  - 펜실베이니아 대학교 언어학 교수
  - 변이 이론의 창시자
  - 「The Social Stratification of English in New York City」 저자
  - 사회언어학의 실증적 연구 방법론 확립

83p

- **칼 버레이터 (Carl Bereiter, 1930-)**
  - 토론토 대학교 교육학 교수
  - 인지적 글쓰기 과정 연구의 선구자
  - 지식 변형 모델 공동 개발자
- **마를린 스카다말리아 (Marlene Scardamalia, 1942-)**
  - 토론토 대학교 교육학 교수
  - 버레이터와 함께 지식 구성 이론 개발
  - 「The Psychology of Written Composition」 공저자
- **스티븐 크라센 (Stephen Krashen, 1941-)**
  - USC(University of Southern California) 언어교육학 교수
  - 자연적 접근법의 창시자
  - 제2언어 습득 이론의 5가지 가설 제안자
  - 모니터 가설(Monitor Hypothesis) 제안

85p

- **월터 킨치 (Walter Kintsch)**
  - 콜로라도 대학교 심리학/인지과학 교수
  - 텍스트 이해의 구성-통합 모델 개발자
  - 「Comprehension: A Paradigm for Cognition」 저자

- **테운 반 다이크 (Teun van Dijk)**
  - 암스테르담 대학교 교수
  - 담화분석과 텍스트언어학 전문가
  - 킨치와 함께 텍스트 이해 모델 공동 개발
  - 거시구조 이론의 창시자

86p

- **로버트 여키스 (Robert Yerkes, 1876-1956)**
  - 하버드 대학교 심리학 교수
  - 비교심리학의 선구자
  - 존 도슨과 함께 역U자 법칙 발견
- **존 도슨 (John Dodson)**
  - 여키스와 함께 1908년 역U자 법칙 연구
  - 수행과 각성 수준의 관계 연구
- **데드레 겐트너 (Dedre Gentner)**
  - 노스웨스턴 대학교 심리학 교수
  - 구조 매핑 이론 창시자
  - 유추적 사고와 학습 연구의 권위자
  - 「Structure-Mapping: A Theoretical Framework for Analogy」 저자
- **래리 스콰이어 (Larry Squire, 1941-)**
  - UCSD(캘리포니아 대학교 샌디에고) 정신의학/신경과학 교수
  - 기억 시스템의 분류체계 개발
  - 장기기억의 구조와 기능 연구
  - 「Memory and Brain」 저자
- **존 앤더슨 (John R. Anderson, 1947-)**
  - 카네기 멜론 대학교 심리학/컴퓨터 과학 교수
  - ACT(Adaptive Control of Thought) 이론 개발
  - 기술 습득 이론 제안
  - 인지 심리학과 학습 이론 분야의 선구자

87p

- **알프레드 화이트헤드 (Alfred North Whitehead, 1861-1947)**
  - 케임브리지/하버드 대학교 수학/철학 교수
  - 수학적 논리학과 형이상학 연구
  - 「An Introduction to Mathematics」 저자
- **월터 슈나이더 (Walter Schneider)**
  - 피츠버그 대학교 심리학 교수
  - 자동화 처리 이론 공동 개발
  - 인지적 통제와 주의력 연구
- **리처드 시프린 (Richard M. Shiffrin)**
  - 인디애나 대학교 심리학/인지과학 교수
  - 슈나이더와 함께 자동화 처리 이론 개발
  - 인간의 기억과 주의력 처리 과정 연구
  - 「Controlled and Automatic Human Information Processing」 공저

89p

- **앨리스터 커밍 (Alister Cumming)**
  - 토론토 대학교 교육학 교수
  - 제2언어 작문 연구의 권위자
  - ESL/EFL 작문 평가 및 교수법 전문가
  - 「Theoretical Perspectives on Writing」 저자
  - 영작과 작문의 차이점을 체계적으로 연구하고 제2언어 쓰기 교육에 큰 영향을 미침
- **제임스 내팅어 (James Nattinger, 1933-2001)**
  - 포틀랜드 주립대학교 응용언어학 교수
  - 어휘적 접근법 공동 개발자
  - 어구 덩어리(lexical phrases) 연구의 선구자
- **제니 데카리코 (Jeannette DeCarrico)**
  - 포틀랜드 주립대학교 응용언어학 교수
  - 내팅어와 함께 어휘적 접근법 개발
  - 「Lexical Phrases and Language Teaching」 공저 (1992)

90p

• **존 앤더슨 (John R. Anderson, 1947-)**
- 카네기 멜론 대학교 심리학/컴퓨터 과학 교수
- ACT (Adaptive Control of Thought) 이론 개발
- 인지 심리학과 학습 이론 분야의 선구자

91p

• **존 싱클레어 (John McHardy Sinclair, 1933-2007)**
- 버밍엄 대학교 현대영어학 교수
- 코퍼스 언어학의 선구자
- COBUILD 사전 프로젝트 책임자

94p

• **로버트 카플란 (Robert B. Kaplan, 1932-)**
- 서던 캘리포니아 대학교 응용언어학 교수
- 대조수사학(Contrastive Rhetoric) 이론 창시자
- 「Cultural Thought Patterns in Inter-Cultural Education」 (1966) 저자

95p

• **존 힌즈 (John Hinds, 1949-1994)**
- 애리조나 대학교 동아시아학과 교수
- 일본어학 및 대조언어학 전문가
- '독자 책임 vs. 필자 책임' 이론 제창

95p

• **울라 코너 (Ulla Connor)**
- 인디애나 대학교-퍼듀 대학교 인디애나폴리스 캠퍼스(IUPUI) 교수
- 국제 대조수사학 연구의 대표적 학자
- 「Contrastive Rhetoric: Cross-Cultural Aspects of Second Language Writing」 저자

114p

• **버러스 프레더릭 스키너 (Burrhus Frederic Skinner, 1904-1990)**
- 하버드 대학교 심리학과 교수
- 행동주의 심리학의 대표적 인물
- 조작적 조건화(Operant Conditioning) 이론 창시자

110p

• **노암 촘스키 (Noam Chomsky, 1928-)**
- MIT 언어학과 교수
- **대표작** 「통사구조론」(1957), 「언어와 마음」(1968)
- **핵심 공헌**
  · 보편문법 이론 제시
  · 생성문법 이론 발전
  · 언어 습득의 생득설 주장
- 현대 언어학의 혁명적 변화를 이끈 인물

119p

• **리처드 도킨스 (Richard Dawkins, 1941-)**
- 옥스퍼드 대학교 명예교수
- 진화생물학자, 과학 저술가
- 「The Selfish Gene」 (1976) 저자
- '밈(meme)' 개념 창시자

• **데즈먼드 모리스 (Desmond Morris, 1928-)**
- 「The Naked Ape」 (1967) 저자
- 인간행동의 생물학적 기원 연구
- **주요 논점**
  · 인간의 털 없는 특징과 진화적 이점
  · 사회적 행동의 생물학적 기반
  · 표정과 감정 표현의 진화적 의미

- **로버트 엑셀로드 (Robert Axelrod, 1943-)**
  - 「The Evolution of Cooperation」 (1984) 저자
  - **주요 연구**
    - 협력의 진화적 기원
    - 반복적 죄수의 딜레마 게임 연구
    - 호혜적 이타주의의 진화

120p

- **에드워드 윌슨 (Edward O. Wilson, 1929-2021)**
  - 「Sociobiology: The New Synthesis」 (1975) 저자
  - **핵심 주장**
    - 사회생물학의 체계화
    - 생물학적 결정론
    - 사회현상의 생물학적 기반

123p

- **칼 포퍼 (Karl Popper, 1902-1994)**
  - 오스트리아 출신의 철학자
  - **대표작** 「과학적 발견의 논리」(1934)
  - **핵심 공헌**
    - 반증가능성 이론 제시
    - 과학과 사이비과학의 구분 기준 제시
    - 과학적 방법론의 철학적 기초 확립

- **스티븐 핑커 (Steven Pinker, 1954-)**
  - 하버드대학교 심리학과 교수
  - 촘스키의 제자이자 현대 진화심리학의 대표 주자
  - **대표작** 「언어본능」(1994), 「마음은 어떻게 작동하는가」(1997)
  - **핵심 공헌**
    - 언어와 인지의 진화적 기원 연구
    - 촘스키 이론의 수정/발전
    - 과학의 대중화에 기여

- **다니엘 에버렛 (Daniel Everett, 1951-)**
  - 벤틀리 대학교 교수
  - **대표작** 「피라하: 위험한 언어」(2008)
  - **핵심 공헌**
    - 아마존 피라하 부족 언어 연구
    - 보편문법 이론에 대한 반증 사례 제시
    - 언어와 문화의 상호관계 연구
  - 30여 년간의 현장 연구를 통해 언어학계에 새로운 관점 제시

139p

- **닉 채터 (Nick Chater, 1965-)**
  - 워릭 대학교 행동과학 교수
  - 인지과학과 행동경제학 전문가
  - 주요 연구 분야: 의사결정 이론, 인지심리학, 언어학

- **모텐 크리스티안센 (Morten H. Christiansen, 1963-)**
  - 코넬 대학교 심리학과 교수
  - 언어진화 및 인지과학 전문가
  - 주요 연구 분야: 언어 진화, 인지발달, 기계학습

170p

- **데시데리우스 에라스무스 (Desiderius Erasmus, 1466-1536)**

  르네상스 인문주의의 대표적 지식인이자 기독교 인문주의의 확립자

  네덜란드 로테르담 출신

  옥스퍼드, 케임브리지, 바젤 대학 등에서 활동

  신약성서 그리스어 원문 편집 및 라틴어 번역

  「우신예찬」(The Praise of Folly) 저자

173p

- **빌 브라이슨 (Bill Bryson, 1951-)**

  언어와 과학을 대중적으로 풀어내는 논픽션의 대가

  - 더햄 대학교 전 총장
  - 영국 왕립 학회 명예 회원
  - 코스타 도서상 수상 (2004)

MEMO

MEMO

영어혁명
시리즈 1

영어공부는 과학이다
영어공부 혁명

초판 발행	2025년 1월 20일
지은이	**이윤규 · 주지후** 공저
발행인	이주영
등록	제2024-000070호
펴낸곳	드림스쿨(DreamSchool) 경기도 파주시 탄현면 국화향길 10-38 Tel 070-4229-0621 Fax 031)935-0621
책임 기획&편집	정연옥
ISBN	979-11-991023-0-9 979-11-991023-2-3(세트)

값 18,000원